Die Biographie des Teufels

die einzige von ihm persönlich autorisierte Version ...   ;-)

Kontakt: www.HarryEilenstein.de
Harry.Eilenstein@web.de
Harry Eilenstein bei youtube

Herstellung und Verlag: BoD – Books on Demand, Norderstedt

ISBN: 9783753481937

für Axel Büdenbender

Inhaltsverzeichnis

1. Wer oder was ist der Teufel?

Zunächst einmal kann man viele verschiedene Meinungen dazu finden, ob es den Teufel überhaupt gibt – und im Grunde läßt sich keine dieser Meinungen wirklich belegen. Aber das Wort „Teufel" löst bei fast allen Menschen allerlei Gefühle aus.

Die Frage, wer oder was der Teufel ist, ist schon allein wegen der emotionalen Besetzung dieses Themas von Bedeutung, aber auch, weil auch noch heute viele Menschen an die Existenz des Teufels glauben:

2002 glaubten in Deutschland 23% der Menschen an den Teufel; 2019 waren 20% bzw. bei einer andern Umfrage 25%; 2021 waren es 20%.

1997 glaubten in den USA ca. 25% der Menschen an den Teufel; 2009 waren es 26%; 2013 waren es bei einer Umfrage sogar 57%.

Man kann also sagen, daß ungefähr ein Viertel der Menschen in der westlich-christlichen Zivilisation an die Existenz des Teufels glaubt.

Das wirft viele Fragen auf:

Ist er ein Überbleibsel aus dem jungsteinzeitlichen Weltbild?
Ist er schlichtweg Pan?
Ist er eine mythologische Gestalt aus den monotheistischen Religionen?
Ist er der Gott der Heiden?
Ist er der Antichrist?
Ist er das Urbild des Rebells?
Ist er der Verführer zu bösen Taten?
Ist er ein reales Wesen?
Ist er der heimliche Lenker der Ereignisse auf der Erde?
Warum wird er nirgendwo als Frau dargestellt?

Da die Geschichten über den Teufel jedoch zum einen sehr vielfältig sind und zum anderen sich im Laufe der Jahrtausende deutlich verändert haben, läßt sich eine „Geschichte des Teufels" schreiben – oder etwas persönlicher formuliert, eine „Biographie des Teufels".

1. Traumreise zum Teufel

Es gibt auch noch die Möglichkeit, eine Traumreise zum Teufel zu unternehmen und zu schauen, was man dabei erlebt. Da Traumreisen in das Unterbewußtsein führen und Telepathie sowie Telekinese das „Auge" und die „Hand" des Unterbewußtseins sind, könnte es sein, daß man durch solche Traumreisen Dinge entdeckt, die man sonst nicht herausgefunden hätte.

Natürlich sollte man das, was man auf Traumreisen erlebt, nicht einfach als „Realität" glauben, sondern das Erlebte auf seine Plausibilität hin überprüfen – aber fast jede Traumreise lohnt sich, da man so gut wie immer auch etwas Unerwartetes findet, was den eigenen Horizont erweitert.

Man kann auch darüber streiten, ob man auf solchen Traumreisen tatsächlich mit dem Teufel spricht oder nicht. Die Antwort auf diese Frage ist aber eigentlich von allzu großer Bedeutung, denn die wesentliche Frage ist, ob man auf diesen Traumreisen sinnvolle Informationen erhält und ob man sich durch sie weiterentwickln und heiler werden kann. Diese Wirkung haben sie auf jeden Fall … und wenn auch der Teufel bei der eigenen Heilung helfen kann – warum nicht?

Daher folgt jetzt das erste „Interview" mit dem Teufel:

„Hallo Teufel …"
„Hallo Harry."
„Ich möchte ein Buch über Dich schreiben, also zunächst mal über das, was ich im Laufe der Jahrzehnte über Deine Geschichte herausgefunden habe. Ich würde gerne auch Dich zu Wort kommen lassen – zumal ich ja mit Sicherheit nicht alles über Dich weiß. Was hältst Du davon?"
„Mal schaun …"
„Gibt es etwas, was Du über Dich erzählen möchtest?"
„Arschloch!"
„Ähm … wieso?"
„Du willst mich ja gar nicht wirklich sehen! Du fürchtest Dich heimlich vor mir!"
„Hm … ist das eine Anspielung auf die Beschwörung, die ich vor gut 40 Jahren zusammen mit Axel an einem nächtlichen Kreuzweg im Wald gemacht habe?"
„Das alleine würde schon reichen."
„Na gut – dann erzähle ich mal das mal: Nachdem ich Axel getroffen habe, hat er mich als Zauberlehrling angenommen …"
„Quatsch nicht so langatmig – erzähl die eigentliche Sache und fertig!"
„Na gut, wenn Du willst – das sollte ja auch schon eine kurze Fassung werden … Also ich habe auf die Kreuzung mit Kreide die vorgeschriebenen Kreise und Symbole gemalt, dann meine Wünschelrute genommen (und sie falsch herum gehalten) und

dann um Mitternacht den Dämon Astaroth gerufen – einen der Teufel aus der Hölle. Erst passierte nichts, dann schwebten rechts von uns rote Lichter über den Weg, danach krachte links über uns in dem Baum eine hellblauer Lichtblitz, jemand hüstelte immer wieder jemand zwischen Axel und mir und es begann nach Schwefel zu riechen, und es war vor dem Kreis deutlich die Anwesenheit von jemandem zu spüren.

Da wurde mir das alles zuviel und ich habe gesagt, daß ich aufhören will. Dann habe ich den Bannspruch gesprochen und wir sind durch den Wald zurückgegangen, aber der Schwefelgeruch blieb und das Hüsteln des Unsichtbaren zwischen Axel und mir ebenfalls. Dann haben wir noch mal den Bannspruch gesprochen, woraufhin der Schwefelgeruch und das Hüsteln aufgehört haben.

Als Axel und ich uns dann in der Stadt getrennt haben, wußte ich kaum noch wohin vor lauter Angst. Zuhause habe ich dann mein Zimmer abgeschlossen, das Licht angelassen und mich unter meine Bettdecke verkrochen.

Da habe ich erkannt, daß entweder die Angst mich kriegt und ich die Angst. Daher bin ich solange jeden Tag an den Kreuzweg im Wald gegangen, bis ich dort ganz entspannt im Gras liegen und an was ganz anderes denken konnte."

„Schau – da habe ich Dir ein Geschenk gemacht: Du hast Deine Angst getroffen und Du hast gelernt mit ihr umzugehen. Wenn Du das damals nicht gelernt hättest, wäre Deine Psyche anschließend im Eimer gewesen."

„Eine ziemlich skorpionische Methode …"

„Hat doch funktioniert – was willst Du mehr?"

„Viel später habe ich herausgefunden, daß der Name 'Astaroth' eine Weiterentwicklung des Göttinnennamens 'Astarte' ist. Dieser Name stammt wie der Name 'Isis' von dem jungsteinzeitlichen 'Aset' in Göbekli Tepe ab, was 'Sitzende' bedeutet. Aset ist die damalige Muttergöttin gewesen, die in den frühjungsteinzeitlichen Tempeln auf dem Pantherthron gesessen hat. Daß Axel und ich gerade Astaroth beschworen haben, ist vermutlich kein Zufall gewesen, da ich mein größtes Trauma durch ein Erlebnis mit meiner Mutter bekommen habe."

„Ich bin die Angst,
    ich bin die Panik,
    ich bin das Trauma,
    ich bin der Wahnsinn,
    ich bin der Selbstverlust …
    ich bin die Dunkelheit,
    ich bin das, was Du fürchtest,
    ich bin Dein Schatten,
    ich bin die Gestalt mit dem wehenden schwarzen Umhang,
    ich bin das Urbild der Schwarzen Reiter und der Dementoren –
    ich bin das Verdrängte,

ich bin das, was aus dem Jenseits kommt,
ich bringe den Tod und das Verderben
... zumindestens ist das euer Bild von mir ... "

„ *Und das stimmt so nicht so ganz? "*

„ *Nein ... wirklich nicht ... auch wenn ich durchaus auch das bin, wozu ihr mich ge-macht habt. "*

„ *Hm ... willst Du noch mehr dazu sagen? "*

„ *Später ... "*

„ *Danke. "*

„ *Schon recht ... ist mal ganz nett, mit jemandem zu reden, der sich nicht vor mir fürchtet ... "*

„ *Ho! "*

2. Ziegenhörner und Pferdefuß

Die Abbildungen des Teufels sind alle ziemlich ähnlich:

- er ist ein Mann,

- er hat Ziegenhörner,

- er hat Ziegenbocks-Beine oder einen Pferdefuß,

- manchmal hat er auch zottelige Ziegenbock-Beine,

- er hat oft dicke Augenbrauen, eine spitze Oberlippe und markante Gesichtszüge, was vermuten läßt, daß er einen Skorpion-Aszendenten hat, und

- er verbreitet Schwefelgeruch, was ebenfalls für einen Skorpion-Aszendenten spricht, da Menschen mit Skorpion-Aszendent diesen Geruch zu mögen scheinen.

Um diese Tier-Symbolik zu erfassen, muß man sehr weit zurück gehen – bis mindestens in die späte Altsteinzeit, d.h. in die letzte Phase der Eiszeit zwischen 50.000 und 10.000 v.Chr.. In dieser Zeit ist der Homo sapiens aus Afrika in Eurasien eingewandert und hat dort den Homo erectus und den Neandertaler getroffen – was zu einem interkulturellen Austausch geführt hat, der viele neue Entwicklungen in Gang gebracht hat.

Möglicherweise gehen die Ursprünge der Teufels-Symbolik jedoch noch viel weiter zurück in die Altsteinzeit bis möglicherweise vor einer Millionen Jahre. Das genaue Alter dieser Wurzeln ist jedoch für das Verständnis der Geschichte des Teufels nicht so wichtig.

Die Namen von Tieren sind vermutlich in der frühen Sprache der Menschen so etwas wie Adjektive gewesen. So war z.B. ein schneller, starker und erfolgreicher Jäger „wie ein Panther", also ein „Panther". Dies konnte der Betreffende auch darstellen und zugleich magisch verstärken, indem er das Fell eines Panthers trug. Auch die Höhlenmalereien aus der späten Altsteinzeit kann man auf diese Weise „lesen".

Die wichtigsten „Adjektive", die sich dann auch später mit derselben Bedeutung in der Mythologie finden, sind in der folgenden Liste aufgeführt. Unter ihnen sind auch einige „Adjektive", die keine Tiere sind:

- <u>Mutter</u>: Schutz, Geborgenheit, Rückhalt, Wissen, Hilfe

- <u>Hügel</u> (Schwitzhütte): Schwangerschafts-Bauch (Mutter)

- <u>Muttermilch</u>: Nahrung, Wärme, Überleben

- <u>Großraubtier</u> (Panther, Löwe, Tiger, Puma, Leopard, Jaguar, Bär, Orca usw.): große Kraft, Stärke, Jagderfolg

- <u>Herdentier</u> (Mammuts, Rentiere, Rinder, Pferde, Wildscheine, Schafe, Ziegen, Gazellen, Antilopen usw.): Zeugungskraft, Fruchtbarkeit, Kinder, Familie, Gemeinschaft

- <u>Vogel</u>: Erlebnis eines Nahtodes, bei dem man über seinem eigenen Körper schwebt, Astralkörper, Seele

- <u>Baumstamm</u>: Leib

- <u>Vogelstab</u> (Stab mit Vogel obenauf) und <u>Totempfahl</u> (großer Vogelstab): Pfahl = Leib, Vogel = Seele; „Jeder Mensch hat eine Seele."

- <u>Wasser</u> (Quellen, Seen, Sümpfe, Moore, Meer usw.): der unzugängliche Ort = Jenseits, Unterwelt

- <u>Wasservogel</u> (Storch, Gans, Ente, Kranich, Ibis usw.): Seele in der Wasserunterwelt

- <u>rot</u>: Blut, Leben, Lebenskraft (oft durch roten Ocker dargestellt, mit dem man sich selber und Gegenstände bemalt hat)

- <u>roter Wasservogel</u> (Flamingo): lebendige Ahnen im Jenseits

- <u>Vogelschwärme</u> (Raben, Krähen, Flamingos, Gänse, Ibisse usw.): Gemeinschaft der Ahnengeister

- <u>Schlange</u>: Ahnen in der Unterwelt (Schlangen leben auf der Erde und in der Erde, d.h. in Höhlen, Felsspalten u.ä.), Weg in die Unterwelt; Segen der Ahnen, den diese aus der Unterwelt emporsenden = Kundalini

- <u>Fuchs</u>: Schlauheit, Jenseitsführer

- <u>Caniden</u> (Wolf, Schakal, Hund u.ä.): Wächter, Helfer

- <u>Fisch</u>: Wesen in der Wasserunterwelt, Ahnen

- <u>Fischotter</u>: Wesen in der Wasserunterwelt, Ahnen

Für die Geschichte des Teufels ist offensichtlich die Symbolik der Herdentiere wichtig – schließlich hat er Ziegenhörner und Ziegenbeine oder einen Pferdefuß.

Es hat schon früh ein weiteres Gleichnis, also eine weitere Symbolik gegeben: Die Ankunft der Menschen im Diesseits ist eine Geburt, also sollte die Ankunft der Toten im Jenseits eine zweite Geburt, also eine Wiedergeburt sein. Wie allgemein bekannt ist, geht der Geburt eine Zeugung voraus und ihr folgt das Stillen – das haben auch schon die Menschen in der Altsteinzeit gewußt.

Der Tote mußte sich also selber im Jenseits wiederzeugen. Mit wem? Offenbar mit dem größten Urbild der Menschen (und der Säugetiere allgemein): mit der „Großen Mutter". Sie ist, bevor sie zur Wiedergeburts-Mutter wird, die Wiederzeugungs-Geliebte des Toten gewesen, und danach dann seine Wiederstillens-Amme.

Aus diesem Stillen haben sich im Laufe der Zeit der Ritualtrank entwickelt: die Milch der ägyptischen Göttin Hathor im Jenseits, der Soma amrita („Untersterblich-keits-Trank") der Inder, der Haoma der Perser, der Nektar amrita („Unsterblichkeits-Honigtrank") der Griechen, der Göttermet der Germanen und Kelten, der Balché der Mayas, das Lebenselixier der Alchemisten in Europa und Indien usw.

Aufgrund der Wiederzeugungssymbolik tauchte nach einer Weile natürlich auch die Angst auf, daß man nach seinem Tod möglicherweise Potenzprobleme haben könnte und sich dann nicht wiederzeugen könnte. Was tun? Nun, die Lebewesen mit der größten Zeugungskraft waren offensichtlich die Herdentiere, die ja stets in großen Scharen erscheinen. Also hat man für den Toten zur Absicherung seiner Zeugungs-kraft ein männliches Herdentier getötet und den Toten bei seiner Bestattung in das Fell dieses Tieres gewickelt, um ihm dessen Potenz zu übertragen – sozusagen ein „magisches Viagra".

Diese Identifikation führte zu der Vorstellung von Tier/Mensch-Mischformen, d.h. genau genommen Mann/Tier-Mischformen. Diese ganze Symbolik trifft ja nur auf Männer zu – zu der Wiedergeburt der Frauen scheint es keine Symbolik gegeben zu haben.

Bei der Wiederzeugung des Toten mußte die Große Mutter, d.h. die Jenseitsgöttin natürlich dieselbe Tier-Gestalt annehmen wie der Tote, denn sonst wäre eine Vereinigung schwierig gewesen. Diese Motive finden sich auch noch in der Mytho-logie der späteren Zeit, in der es schon eine schriftliche Überlieferung gegeben hat.

Die folgenden Mythen sind nur eine kleine Auswahl insbesondere von den Indoger-manen und den Völkern im Mittelmeerraum, da die Gestalt des Teufels in diesem Bereich entstanden ist.

> Mammut: Es ist ungewiß, aber gut denkbar, daß man die Hütten aus der Altsteinzeit, die vollständig aus Mammutschädeln errichtet worden sind, wie bei der Schwitzhütte als den Bauch der Mammut-Göttin aufgefaßt hat, also als den Bauch der Großen Mutter in der Gestalt eines Mammuts.

Rind: Schon aus der Altsteinzeit sind Darstellungen von Männern mit Stierkopf und von Frauen, die ein Rinderhorn in der Hand halten und darauf schauen, sowie viele Gestalten, die fließende Übergänge von Kuh zu Frau darstellen, bekannt.

In Sumer vereinte sich der Himmelsgott An in Stiergestalt mit der Erdgöttin Inanna in Kuhgestalt, woraufhin sie ein Kalb gebar. In Babylon erhielt Inanna den Namen „Ishtar" – auch sie war eine Kuhgöttin. Im benachbarten Elam wurde eine Frau mit Kuhkopf verehrt.

In Ägypten hatten die Himmelsgöttinen Hathor und Nut oft die Gestalt einer Kuh – Hathor war auch die Wiedergeburtsgöttin. Der Korngott und Wiedergeburtsgott Osiris nahm bei seiner Jenseitsreise die Gestalt des Stiergottes Apis an. Man nannte einen Toten, der sich erfolgreich wiedergezeugt hatte „Ka-mut-ef", d.h. „Stier seiner Mutter", also „der sich mit seiner Mutter vereint hat".

Von Kreta ist der Minotaurus gut bekannt: ein Mann mit Stierkopf.

Bei den Hethitern in der heutigen Zentral-Türkei vereinte sich der Sonnengott in Stiergestalt mit der Kuhgöttin Pinkir und wurde als Kalb wiedergeboren. Bei den ihnen benachbarten Lydern war Artemis die Kuhgöttin.

Von den Griechen ist Zeus als Stier und Io als Kuh bekannt. Das Motiv der Vereinigung des Toten mit der Muttergöttin („mit seiner Mutter") hat bei ihnen zu dem Ödipus-Thema geführt.

Die heiligen Kühe aus Indien sind fast jedem bekannt.

Bei den Persern ist der Sonnengott Mithras auch der Stiergott. Der Sonnengott-Göttervater hatte bei fast allen indogermanischen Völkern bei seiner nächtlichen Wiederzeugung, die seiner Wiedergeburt am Morgen vorausging, die Gestalt eines Stieres. Bei den Slawen hieß der Stiergott „Veles".

Bei den Balten war Mara die Kuhgöttin und bei den Römern Juno. Bei den Kelten heißt der Stiergott „Tarvus Trigaranus" und die Kuhgöttin „Damona". Bei den Germanen heißt er „Jörmunrek" und sie „Audhumbla".

Die Rinder-Symbolik ist im Mittelmeerraum und in Europa weit verbreitet, da das Rind in historischer Zeit dort das größte Herdentier gewesen ist.

Schließlich ist noch Pte-san-win, d.h. die „Weiße Büffelfrau" die wichtigste Göttin der Dakota-Indianer.

Pferd: Die Pferde-Symbolik hat sich bei den Indogermanen sehr stark weiterverwandelt, da die Pferde in ihrem kriegerischen Alltag eine große Rolle gespielt haben. Der indogermanische Sonnengott-Göttervater Dhyaus nimmt bei der Wiederzeugung die Gestalt eines Hengstes an und die Muttergöttin die Gestalt einer Stute. Ihre beiden Kinder erscheinen bei den meisten Indogermanen als die Pferde-Zwillinge, die den Wagen ihres Vaters, d.h. des Sonnengottes, über den Himmel ziehen.

Am deutlichsten ist die Wiederzeugungs-Symbolik bei Demeter und Poseidon, die in der Gestalt einer Stute und eines Hengstes ein Flügelpferd zeugen. Das Flügelpferd ist eine Kombination von Pferd und Seelenvogel, also die wiedergeborene Seele. Bei den Griechen erscheint die Pferde-gestaltigen Toten zudem als Zentauren, Satyrn und Silenen und die Stutengöttin auch als Selene.

Bei den Kelten ist Belenus der Pferde-gestaltige Sonnengott – Rhiannon, Epona, Etain, Boann und Damona sind die Pferdegöttin. Bei den Germanen heißt die Pferdegöttin Sinmara und Huldar und der Pferde-gestaltige wiedergeborene Sonnengott Sleipnir.

Im alten indischen Krönungsritual vereinte sich die Königin als Stellvertreterin der Muttergöttin mit dem für den angehenden König geopferten Hengst, während der König symbolisch im Jenseits weilte und auf seine Wiedergeburt nach dieser rituell-symbolischen Wiederzeugung wartete.

Esel: Vermutlich ist die Esel-Verwandlung in dem Roman „Metamorphosen" des Griechen Ovid lediglich eine humorvolle Variante der Pferde- und Rinderverwandlung, aber kein Bericht über eine alte Symbolik.

Hirsch: Aus der Altsteinzeit ist das Gemälde eines Mannes mit Hirschgeweih bekannt und aus der Jungsteinzeit eine Hirschmaske. Diese Hirschmasken sind weit verbreitet gewesen und finden sich in u.a. Butan, in Mittelamerika und in Nordamerika.

Bei den Kelten hieß die Hirschgöttin Sirona. Bei den Germanen trägt die Hindin keinen Namen, aber sie ist die Amme des Sigurd (Siegfried), der der in die Sage übertragene Sonnengott ist. Von den Germanen ist auch der Sonnenhirsch und seine beiden Hirschsöhne bekannt. Bei den Hethiter war das Motiv des Sonnengottes als Hirsch sehr beliebt.

Das Hirsch-Motiv ist vor allem durch den Sonnenhirsch des Hl. Hubertus erhalten geblieben. Hier ist diese Symbolik auf Christus übertragen worden: Der Sonnengott Tyr der Germanen ist oft Christus als Sonne gleichgesetzt worden – und Christus ist der damalige Wiedergeburts-Gott gewesen.

Schwein: Auch die Schweine-Symbolik ist im Zusammenhang mit der Wiederzeugung weit verbreitet gewesen. Am deutlichsten zeigt sie sich bei den Germanen als Freyr und Freya sowie bei den Kelten als Lugh und Brigid.

Schaf: Das Schaf ist als „arme-Leute-Opfertier" in den Mythen vermutlich stark unterrepräsentiert und wird in den Bestattungsritualen deutlich weiter verbreitet gewesen sein als es die Mythen vermuten lassen.

Bei den Germanen finden sich der ehemalige Sonnengott Heimdall und auch sein Gegenspieler Loki in Widdergestalt – die Schafgöttin hieß „Guma". Von den Ägyptern ist der Widdergott Chnum gut bekannt.

<u>Ziege</u>: Der Tote als Ziegenmann ist aus Sumer als „Enki", von den Griechen als „Pan", von den Kelten als „Bugius", von den Slawen als „Porewit" und von den Römern als „Faunus" bekannt. Die Ziegengöttin findet sich nur bei den Germanen als Heidrun und als Freya.

Vermutlich ist auch die Ziege wie das Schaf als das „arme-Leute-Opfertier" in den Mythen deutlich unterrepräsentiert.

<u>Steinbock</u>: In Sumer erscheint der Gott Enki auch als Steinbock.

<u>Gazelle</u> und <u>Antilope</u>: In Ägypten wurde die Gazellengöttin Anuket und die Antilopengöttin Satet verehrt.

<u>Astrologie</u>: Von diesen Herdentier-Motiven stammen die Namen der drei Tierkreiszeichen Widder, Stier und Steinbock ab.

Es zeigt sich somit, daß der Ursprung der Ziegenhörner und der Ziegenbeine bzw. des Pferdefußes des Teufels in dieser Wiederzeugungs-Symbolik liegen. Genau genommen war der Anfang der Teufels-Symbolik somit die Potenz-Versagensängste der Männer bei der Wiederzeugung im Jenseits – ohne erfolgreiche Wiederzeugung keine Wiedergeburt im Jenseits … das absolute Ende. Diese Potenz-Versagensangst war also zugleich eine Todesangst …

Eine heftige Kombination – und dagegen sollte die Tierverwandlung helfen. Der Teufel ist also ursprünglich einmal der magische Helfer gegen die Versagensängste bei der Wiederzeugung gewesen. Daher ist der Teufel immer männlich.

2. Traumreise zum Teufel

„Was sagst Du zu dem, was ich geschrieben habe, Teufel?"

„Willst Du mich als Lektor oder Rezensent anheuern? Das kannst Du Dir abschminken!"

„Ist die Entwicklung denn richtig, das ich beschrieben habe?"

„Warum fragst Du?! Du bist doch schon davon überzeugt, daß es richtig ist."

„Hm, ja, bin ich … ich habe viel darüber nachgedacht und geforscht … aber Deine

eigene Meinung dazu wäre mir doch ganz lieb, denn ich bin nicht so vermessen zu glauben, daß ich schon alles verstanden hätte."

„Fick Dich!"

„Ist das jetzt als Zustimmung zu der Wiederzeugung zu verstehen?"

„Quatsch! Wenn Du kein wirkliches Anliegen hast, dann hör auf mich zu belästigen!"

„Gut – ich will wissen, ob Du das Böse bist."

„Natürlich! Was denn sonst? Das Böse ist immer das, was ihr nicht wollt, was ihr fürchtet, was euch Angst macht. Warum bin ich wohl eine Gestalt des Todes und des Schmerzes und der Folter? Das ist das, was ihr fürchtet. Ich bin euer Schatten, ich bin das, wovor ihr fortrennt, wogegen ihr kämpft, was ihr zu vermeiden versucht, was ihr verbannt anstatt es euch anzusehen. Gibt es denn einen Unterschied zwischen 'böse' und 'Angst'? Das ist doch dasselbe: Ihr fürchtet etwas und wollt es nicht haben und nennt es daher 'böse'. Was heißt denn 'böse'? Das heißt doch nur, daß ihr es nicht wollt."

„Und das ändert sich im Laufe der Zeit …"

„Für die Indianer, die Germanen und viele andere als Stamm organisierte Völker war es eine Auszeichnung, wenn ein Mann einen anderen Mann oder besser noch viele andere Männer im Kampf getötet hat – heute ist Mord die schlimmste Tat. Früher war Sklaverei normal – heute ist sie geächtet. Für manche Völker ist Sex mit mehreren Partnern völlig normal – bei anderen steht darauf die Todesstrafe. Was ist böse? Es gibt kein 'böse' außer dem, was ihr so nennt, was ihr erschafft, was ihr nicht wollt. Euer Wille ist das, was das Böse erschafft – das Böse ist schlicht das, was ihr nicht wollt. Ich bin euer Anti-Wille, euer Anti-Wunsch, euer Anti-Bedürfnis. Ohne euch gäbe es mich nicht."

„Hm … ja … das war jetzt ja sehr deutlich … Danke."

Ich höre den Teufel nur vor sich hin grummeln …

Es ist komisch, mich beim Teufel zu bedanken.

„Ho!"

3. Tod und Teufel

„Tod und Teufel" sind die beiden gefürchteten Urbilder. Auch im Tarot sind sie die beiden gefürchtesten Karten – evtl. zusammen mit dem „Turm", der die Zerstörung und den Zusammenbruch symbolisieren, der eintritt, wenn man etwas auf falschen Annahmen fußend errichtet hat.

Der Tod als Ziegen-Mann und allgemein als Herdentier-Mann ist im Zusammenhang mit dem Tod entstanden – und der Teufel wohnt im Jenseits. Der Teufel ist also mit dem Tod eng verwandt.

Unser Bild des Sensenmannes für den Tod stammt aus einem alten Gleichnis aus der frühen Jungsteinzeit. Nachdem um ca. 8500 v.Chr. in Nord-Mesopotamien der Ackerbau entwickelt worden ist, begann man den Getreidebau mit einem Gleichnis zum Menschen zu beschreiben:

- Aussaat	= Zeugung
- Keimen	= Geburt
- Wachsen	= Leben
- Ernte	= Tod
- Lagerung	= Jenseits
- Aussaat	= (Wieder-)Zeugung
- Keimen	= (Wieder-)Geburt
… … …	

Dadurch, daß dieses Gleichnis auf bildhafte Weise dargestellt wurde, verband sich das Motiv des Ahnen mit dem Motiv des Getreides zu dem „Korn-Mann". Aus ihm wurde dann der Korngott-Totengott wie z.B. der ägyptische Osiris.

Durch die alljährliche Wiederholung wurden Zeugung und Geburt zu einem Wiederzeugen und zu einer Wiedergeburt. Das legte die Vermutung nahe, daß auch die Menschen wiedergeboren werden – nicht nur im Jenseits als Seele, sondern im Diesseits als physische Menschen. Dieses Bild für die Reinkarnation zeigt natürlich nicht, daß die Reinkarnation nicht wahr ist, sondern nur, wie das Bild für sie entstanden ist.

Dieses Gleichnis wurde noch durch die Analogie zum Sonnenlauf ergänzt:

- Aussaat	= Zeugung	= Frühjahr	= Morgen	= Osten
- Keimen	= Geburt	= Frühjahr	= Morgen	= Osten
- Wachsen	= Leben	= Sommer	= Mittag	= Süden
- Ernte	= Tod	= Herbst	= Abend	= Westen
- Lagerung	= Jenseits	= Winter	= Nacht	= Norden
- Aussaat	= Zeugung	= Frühjahr	= Morgen	= Osten
- Keimen	= Geburt	= Frühjahr	= Morgen	= Osten

Hier zeigt sich unter anderem, daß das Jenseits der Nacht zugeordnet ist – passenderweise wird der Teufel ja üblicherweise um Mitternacht beschworen.

Bei genauerer Betrachtung dieser alten Vorstellungen über das „Leben nach dem Tod" zeigt sich, daß es dort einen Irrtum gibt:

Mit dem Bild der Wiedergeburt wurde zunächst lediglich die Ankunft der Seele im Jenseits beschrieben – als Bild ist das so in Ordnung. Wenn man daraus jedoch schließt, daß dieser Wiedergeburt eine Wiederzeugung vorgehen muß, ist das nicht eine Schlußfolgerung aus einer konkreten Beobachtung, sondern eine Schlußfolgerung aus einem Bild. Die Wiederzeugung ist eine Erweiterung einer bildhaften Beschreibung, die jeder konkreten Grundlage entbehrt.

Eine Mythe sollte immer eine möglichst zutreffende und genaue Beschreibung der Erlebnisse und Beobachtungen sein – nur dann kann sie zutreffend und hilfreich sein.

An der Wurzel der Entstehung des Teufels liegt also auch noch ein Irrtum: Der Herdentier-Mann ist erschaffen worden, um ein Problem zu lösen, das real gar nicht vorhanden ist – es gibt gar keine Wiederzeugung …

Das ist nicht der einzige Irrtum im Zusammenhang mit dem Tod gewesen, der in den Mythen auftritt.

Man frug sich, wo die Seelen nach dem Tod sein mögen, da man ihnen ja in der Regel nicht mehr begegnet ist. So wie man die Ankunft im Jenseits nach dem Tod einer zweiten Geburt verglich, also einer Wiedergeburt, so stellte man sich auch vor, daß die Seelen nach ihrem Tod in ein fruchtbares Land (Ägypter), in ein Paradies (Bibel), in einen Palast unter der Erde (Sumer), in die ewigen Jagdgründe (Indianer), in eine Art zweite Welt (Kelten), nach Walhalla zu Odin und den Asen (Germanen) usw. gelangte.

Wenn man es jedoch genau nimmt, kann man lediglich sicher sagen, daß die Seelen nach dem Tod keinen Körper mehr haben. Das Motiv des Jenseits als eines Ortes dient lediglich der bildhaften Orientierung.

Die Seele im Körper eines lebenden Menschen und die Seele eines toten Menschen befinden sich nicht an zwei verschiedenen Orten – der einzige Unterschied ist, daß die Seele in dem einen Fall einen Körper hat und in dem anderen Fall nicht. Wenn man als Lebender zu seiner eigenen Seele reist, reist man daher sozusagen ins Jenseits.

Aus diesem Grund ist auch die Reise eines Schamanen in das Jenseits letztlich nur eine bildhafte Umschreibung dafür, daß er bzw. sie zu einer Seele reist, d.h. mit ihr Kontakt aufnimmt. Dasselbe gilt auch für den Ahnenkult und Meditationen. Aus diesem Grund ist das tibetische Totenbuch auch zugleich eine Anleitung für die Jenseitsreise, auf der der Schamane den Sterbenden begleitet, und für die Meditation, mit deren Hilfe der Yogi u.a. seine eigene Seele findet.

Das Jenseits, in dem der Teufel wohnt, ist also gar kein realer Ort, sondern nur der „körperlose Zustand" der Seele.

Es ist interessant, daß hier auch der Irrtum als eine der Wurzeln des Teufels erscheint – Buddha hat Haß, Gier und Irrtum als die drei Grundübel im Leben beschrieben und der Teufel ist das Grundübel in den monotheistischen Religionen, also vor allem im Judentum, im Christentum und im Islam.

Der Irrtum ist eine der Wurzeln des Teufels – wie steht es nun mit Haß und Gier? Auch sie lassen sich recht einfach finden …

Der normale Zustand des Menschen ist der Selbstausdruck, d.h. ein Strahlen. Wenn dieses Strahlen auf ein Hindernis trifft, wird dieses Strahlen stärker, um das Hindernis zu beseitigen: Anstrengung. Wenn das Hindernis jedoch nicht weicht, gibt es zunächst einmal zwei Reaktionsmöglichkeiten:

1. Man gibt auf. Dadurch beginnt sich das Strahlen, die Kraft, die Lebenskraft im Kreis zu drehen – das wird als Trauer erlebt. Die Trauer ist ein Kreislauf von Wünschen, Hoffen, Versuchen, Scheitern, Wünschen, Hoffen usw.

Schließlich wird diese Kreisbewegung in der Psyche immer schneller und ihre Kreise werden immer enger bis die Bewegung schließlich zusammenbricht und punktförmig wird – das ist dann eine Depression.

2. Man vermehrt das Strahlen und Streben immer mehr – das wird als Wut erlebt. Die Druck der eigenen Lebenskraft gegen das Hindernis erhöht sich.

Wenn man das Thema als existentiell erlebt, wird man schließlich in seinem Streben, das Hindernis zu beseitigen einsgerichtet. Durch dieses Fixiertsein auf die Beseitigung eines Hindernisses wird die Wut schließlich zu Haß.

Wodurch kann man in eine solche Fixierung gelangen? Letztlich geschieht dies immer dann, wenn dem ein existentielles Gefühl ohne jede Flexibilität zugrundeliegt. Das vermutlich wichtigste existentielle Gefühl dieser Art ist die Angst, die somit der Hauptursprung des Hasses ist.

Da der Teufel als das Böse das ist, was man auf alle Fälle vermeiden will, ist der Teufel auch das, was man haßt.

Der Gehörnte hat also zumindestens schon einmal zwei Wurzeln: den Irrtum sowie den Haß, der auf der Todesangst beruht.

Die Todesangst als Wurzel des Teufels zeigt sich auch darin, daß seine Herdentier-Gestalt durch die Vorstellungen über die Wiederzeugung entstanden ist.

Somit bliebe noch die Gier als dritte mögliche Wurzel des Teufels. Sie läßt sich leicht in den sieben Todsünden finden, zu denen der Teufel im Christentum die

Menschen verführen will: Neid (Mond), Geiz/Habgier (Merkur), Wollust (Venus), Hochmut/Stolz/Eitelkeit (Sonne), Zorn (Mars), Völlerei (Jupiter) und Faulheit (Saturn). Eigentlich gehören Neid und Geiz/Habgier zusammen zum Mond – die Todsünde des Merkurs sollte eigentlich so etwas wie Irrtümer, Einbildung, Rechthaberei u.ä. sein. Aber auf jeden Fall sind hier als Entsprechung zur Gier in Buddhas Weltbild der Neid, die Gier und die Habgier zu finden.

Die sieben Todsünden lassen sich durchaus Buddhas drei Übeln vergleichen:

- Irrtum: Rechthaberei, Hochmut
- Haß: Zorn
- Gier: Neid, Gier, Wollust, Völlerei, Faulheit

Die drei Übel stehen auch in engem Zusammenhang mit den drei ersten Entwicklungsphasen des Menschen:

- In der oralen Phase (0-1 Jahr) lebt das Baby in einer Symbiose mit seiner Mutter. Idealerweise wird es in dieser Zeit mit allem versorgt, was es braucht – es erlebt dann eine Fülle an Wärme, Nahrung, Zuneigung usw. Daraus entsteht idealerweise ein umfassendes „Ja" zu allem – Geborgenheit.
Wenn das Baby jedoch stattdessen einen Mangel erlebt, wird es entweder immer lauter, wodurch die Haltung des Süchtigen (Gier) entsteht, oder immer leiser, wodurch die Haltung des Asketen (verdrängte Gier) entsteht.

- In der analen Phase (1-3 Jahre) wird das Kleinkind eigenständiger und lernt zu reden und zu laufen. Idealerweise lernt es in dieser Zeit die eigene Kraft kennen und kann eine innere Klarheit darüber, was ihm gut tut und was nicht, entwickeln. Daraus entsteht idealerweise ein klares und kraftvolles „Nein!" zu allem, was ihm nicht gut tut – Stärke.
Wenn das Kleinkind jedoch stattdessen Ohnmacht und Widersprüche erlebt, entstehen Angst, Verzweiflung und Haß – dadurch wird es entweder immer lauter, wodurch die Haltung des Täters (Macht) entsteht, oder immer leiser, wodurch die Haltung des Opfers (Ohnmacht) entsteht.

- In der phallischen Phase (3-12 Jahre) entdeckt das Kind sich selber als eigenständiges und handlungsfähiges Wesen. Wenn alles gut geht, kann es sich in dieser Zeit weitgehend ungehindert ausdrücken, wodurch eine strahlende Selbstliebe entsteht. Dies ist idealerweise ein unerschütterliches „Ich!!!" im Zentrum des eigenen Lebens.
Wenn das Kind jedoch stattdessen ständig eine Behinderung seines Selbstausdrucks erlebt, entstehen Selbstzweifel und es wird entweder immer lauter, wodurch die Haltung des Stars (Größenwahn) entsteht, oder immer leiser, wodurch die Haltung des Fans (Minderwertigkeitskomplexe) entsteht.

Die drei Übel, die Buddha als die Wurzeln von allem Leid ausfindig gemacht hat, entsprechen den möglichen Problemen, die in diesen drei Entwicklungsphasen des Menschen entstehen können:

- orale Phase =   die Gier des Süchtigen und des Asketen
- anale Phase =   der Haß des Täters und des Opfers
- phallische Phase = der Irrtum des Stars und des Fans

Bei dieser Zuordnung wäre der Irrtum der Selbstzweifel, die Star und Fan in ihrem Inneren tragen – mangelnde Selbsterkenntnis.

Es läßt sich noch ein ganz schlichter Zusammenhang zwischen dem Tod und dem Teufel erkennen: Der Teufel wohnt im Jenseits und versucht möglichst viele Seelen zu fangen und zu foltern.

Auch hier kann man eine Entwicklung beobachten: In der Jungsteinzeit lebten die Menschen mit ihren Ahnen zusammen – die Schädel der Toten wurden in eine Nische im Wohnhaus gestellt, damit man jederzeit mit ihnen Kontakt aufnehmen konnte. Dieselbe Funktion haben auch die Statuen der Toten in Ägypten, die Ahnenschreine in China, der Totenkult der Naturvölker usw. Man fürchtete zwar den Tod, aber nicht die Toten. Daher hat auch der Teufel einst eine deutlich kleinere Rolle gespielt – sein Schrecken speist sich zu einem großen Teil aus der Angst vor dem Tod und nur sekundär auch aus der Angst vor den Toten.

Totenbeschwörungen haben keinen guten Ruf … selbst die gefürchteten „Schwarzen Reiter" im „Herrn der Ringe" sind die Geister von verstorbenen Königen, die von Sauron beschworen worden sind und ihm dienen müssen.

3. Traumreise zum Teufel

„Meine Frage an Dich, Teufel, ist nun, ob ich das mit den drei Übeln bzw. den sieben Todsünden als Wurzeln Deines Wesens richtig erkannt habe."

„Du nennst 'böse', was Du fürchtest – den Mangel, den Angriff auf Dich, die Lüge und die Zerstörung Deiner strahlenden Mitte. Was fragst Du mich da noch?"

„Hm … ich habe immer Zweifel, ob ich mit meinem Denken schon alle Aspekte erfaßt habe – Menschen sind in ihrem Erkennen und Denken naturgemäß einseitig, weil jeder sein eigenes Horoskop als 'Brille' und als 'Scheuklappen' trägt, aber es natürlich auch als 'Mikroskop' und als 'Fernrohr' benutzt. Worin bin ich da einseitig?"

„Du bist zu sehr aufs Verstehen ausgerichtet. Du benutzt nicht in gleichem Maße Deine Kraft. Du hast einen völlig verbeulten Egoismus."

„O.k. ... da kann ich zustimmen. Und was empfiehlst Du da?"

„Stelle Dich Deiner Angst. Tu das, was Deine Kundalini Dir geraten hat: 'schauen, fühlen, umarmen': Das ist der Weg, um etwas zu integrieren und zu heilen – schauen, was da ist; die Kraft darin spüren; das Abgespaltene wieder in Dich aufnehmen."

„Mein verbeulter Egoismus ist sozusagen mein persönlicher Teufel?"

„Ja – und das ist der einzige Teufel, um den Du Dich erst einmal kümmern solltest."

„Hm ... ja ... Danke, Teufel ... ... Ho!"

4. Die Hölle

Der Teufel wohnt, wie allgemein bekannt ist, in der Hölle. Wieso eigentlich? „Hölle" bedeutet „Höhle". Aber warum wohnt er in einer Höhle?

Um das erkennen zu können, muß man wieder ziemlich weit in der Geschichte der Menschen zurückgehen.

Vor spätestens 1,7 Millionen Jahren wurden von den fernen Vorfahren der heutigen Menschen die ersten Hütten errichtet. Von ihnen sind Mauerkreise aus aufgeschichteten Steinen erhalten geblieben, die vermutlich von einem Gewölbe aus Ästen, Fellen, Blättern u.ä. bedeckt gewesen sind.

Es gab natürlich schon vorher andere „Hütten" wie den Bau des Fuchses, das Nest der Vögel, den Kobel des Eichhörnchens, die Burg der Biber usw., aber diese Steinkreis-Hütten der Steinzeit-Menschen waren die erste „Steinbauten".

Noch früher sind die Eier der Reptilien zu finden, die auch ein „Schutzraum" gewesen sind. Es ist anzunehmen, daß die ersten Hütten der Menschen auch mit dem Bauch der Mutter assoziiert worden sind, also mit der Erinnerung an die Zeit vor der Geburt – beides waren die einzigen Innenräume, die man damals kannte.

Vor 600.000 Jahren wurden diese Hütten dann in Eurasien zum Beginn der Eiszeit wesentlich wichtiger, da man ohne sie in der damaligen Kälte kaum überleben konnte.

Diese Hütten wurden ab dem Beginn der Eiszeit auch beheizt: Dafür erhitzte man Steine in einem Feuer vor der Hütte und trug sie dann auf dem Schulterblattknochen eines Hirsches o.ä. in die Hütte und verschloß dann wieder den Eingang. Mithilfe von erhitzten Steinen konnte man damals auch schon Fleisch- und Gemüsesuppen in einem Fellbeutel kochen.

In der damaligen Zeit, in der es noch keine Schulen, Lehren und Sozialversicherungen gegeben hat, waren die Eltern die größte Quelle von Rat und Hilfe im eigenen Leben. Daher hat man danach gestrebt, auch nach deren Tod den Kontakt zu ihnen aufrecht zu erhalten. Diese Aufgabe haben die Schamanen übernommen.

Man wurde zu einem Schamanen, indem man bei einem Nahtod eine Astralreise erlebte und dann anschließend erfolgreich geübt hat, diese Astralreise willentlich wiederholen zu können. Bei einer Astralreise erlebt man, wie man über sich selber schwebt, an verschiedene Orte fliegen und dort alles wahrnehmen kann. Dies war der Ursprung der Vorstellungen über die Existenz einer Seele.

Dieses erste „religiöse Prinzip" wurde mithilfe eines Vogels auf einem Stab dargestellt – dieses Motiv findet sich bereits in der späten Altsteinzeit vor ca. 25.000 Jahren in der Höhle von Lascaux neben einem verwundeten oder toten Jäger. Aus diesem Vogel-Stab sind schon in der späten Altsteinzeit die Totempfähle entstanden, die vor allem einen Menschen mit seinem Seelenvogel auf seinen Schultern darstellen. Von ihnen gibt es bereits um 10.000 verschiedene, differenzierte steinerne Formen, was zeigt, daß es vorher schon eine längere Tradition von hölzernen Totempfählen gegeben haben muß.

Da sowohl die mit glühenden Steinen beheizte Hütte als auch die Ahnen Sicherheit und Geborgenheit gaben, wird man beides miteinander assoziiert haben – zumal beides auch ausgesprochen gut zu der Assoziation der Hütte mit dem Bauch der schwangeren Mutter paßte. Daher wird man die Ahnen vorzugsweise in der beheizten Hütte angerufen haben – so entstand die Schwitzhütte als die früheste Form des Tempels.

Da die Ahnen ihren Nachkommen in der Schwitzhütte Sicherheit und Rückhalt gaben, lag es nahe, die Stangen, aus denen das Gerüst der Schwitzhütte errichtet wurde, mit den Ahnen zu assoziieren. Diese Symbolik ist auch noch heute bei den Schwitzhütten-Zeremonien zu finden. Die Schwitzhüttenstangen waren sozusagen sehr schlichte Vogelstäbe bzw. Totempfähle.

Aufgrund der Wiedergeburtssymbolik wird man möglicherweise auch schon in der Altsteinzeit über einem Grab eine stark vereinfachte Schwitzhütte in der Form eines Reisighügels erreichtet haben – die Hütte bzw. der Reisighügel war der Bauch der mit dem Toten schwangeren Erde. Solche Reisighügel finden sich in historischer Zeit noch bei den Skythen in dem Ritual ihres Sonnengott-Göttervaters Papaios, in dem sehr wahrscheinlich dessen abendlicher Tod und seine morgendliche Wiedergeburt dargestellt worden ist.

Zu Beginn der Jungsteinzeit wurde die Schwangerschaftsbauch-Symbolik der Schwitzhütte in Nordmesopotamien in Göbekli Tepe und anderen Orten in der Nähe deutlich detaillierter als zuvor dargestellt:

- eine kreisförmige Mauer mit einem Kuppeldach aus Ästen und Fellen = der Bauch der Großen Mutter

- eine etwas kleinere kreisförmige Mauer mit einem Kuppeldach aus Ästen und Fellen innerhalb des vorigen Steinkreises = das Kind im Bauch der Großen Mutter – hier sitzen die Ritualteilnehmer

- ein überdachter Gang, der zu dem größeren Kreis führt = die Vagina der Großen Mutter

- eine Steinplatte mit einem großen Loch am Anfang dieses Ganges, durch den man in den Gang und dann weiter in den inneren Kreis kroch = die Scham der Großen Mutter

- eine kurze Verbindungsmauer von dem äußeren zu dem inneren Kreis = die Nabelschnur zwischen Mutter und Kind

- zwei Panther auf der Eingangs-Steinplatte = die beiden Panther der Muttergöttin, die ihre Kraft symbolisieren, um die sie von den damaligen Jägern gebeten worden ist

- acht T-förmige Pfeiler in der inneren Mauer = die Ahnen, die die Ritual-Teilnehmer beschützen (die früheren Stäbe der Schwitzhütte)

- zwei große T-Pfeiler in der Mitte des inneren Kreises = die Urbilder des Leibes und der Seele

Wenn die Schamanen zu einem konkreten Ahn gereist sind, haben sie dies auf dessen Grab getan. Das hat dazu geführt, das sich die Schamanen allgemein auf ein symbolisches Grab gesetzt haben, wenn sie eine Jenseitsreise durchgeführt haben. Dieses Grab-Symbol kann ein Reisighügel (Skythen), eine Sitz-Unterlage aus Zweigen (Kelten), ein flacher Sockel (Harappa), ein flacher Tisch (Ägypten), ein kleines Podest (Germanen), eine Lotusblüte (Inder) usw. sein.

Das Hügelgrab ist eine Schwitzhütte bzw. ein Reisighügel, der aus Erde und Steinen errichtet worden ist. Er besteht wie die Tempel von Göbekli Tepe aus einem Gang, der zu einer Kammer in der Mitte führt – die Vagina und der Bauch der Großen Mutter, die hier wohl schon als Erdgöttin aufgefaßt worden ist.

Die Megalithanlagen haben denselben Aufbau wie die Tempel von Göbekli Tepe – sie sind lediglich größer und haben keine Mauern:

- innere Kreismauer (Kind) => innerer Kreis aus Menhiren

- äußere Kreismauer (Bauch) => äußerer Kreis aus Menhiren

- Verbindungsmauer (Nabelschnur) => fehlt

- Gang (Vagina) => Menhir-Allee, die zu dem Menhir-Kreis führt

- die beiden Panther-Statuetten am Eingang => die beiden großen Menhire am Anfang der Menhir-Allee

- die T-Pfeiler in der inneren Mauer => der innere Kreis aus hohen Menhiren

- die beiden großen T-Pfeiler in der Mitte des inneren Kreises => die beiden großen Menhire im Zentrum des Menhir-Kreises

Die meisten Tempel von der Jungsteinzeit an bis heute bestehen aus einem Gang, der zu einem Zentrum führt, das meistens eine Kammer ist, in der die Statue einer oder mehrerer Gottheiten steht. Dies entspricht dem Gang und dem Kreis der Schwitzhütten mit ihrem „Iglu-Grundriß". Oft hat diese Art von Tempel an ihrem Eingang zwei hohe Türme oder Eingangs-Säulen (Kirchtürme), die den beiden Panthern der Großen Mutter entsprechen. Manchmal stehen diese beiden Panther oder Löwen auch als große Statuen vor dem Eingang des Tempels.

Die Mandala-Tempel, die meistens dem Sonnengott geweiht sind, haben den Gang fortgelassen und bestehen nur noch aus dem Kreis. Bei diesem Kreis wird jedoch die Himmelsrichtungs-Symbolik, die sich auch schon bei den Tempeln von Göbekli Tepe in sehr ausgeprägter Weise findet, oft recht deutlicher dargestellt: vier Punkte außen, in deren Mitte die Sonne ist.

Der aus der frühen Jungsteinzeit stammende, am Sonnenlauf orientierte Turm von Jericho (9000 v.Chr.) und auch die Türme von Çatal Höyük (7000 v.Chr.), von denen die Jenseitsgöttin in der Gestalt eines Geiers die Toten abholte, stellen wie der Weltenbaum die Nabelschnur zwischen Diesseits (Erde) und Jenseits (Himmel) dar. Daher erscheint in diesem Zusammenhang die Jenseitsgöttin und Sonnenmutter nicht als Erdgöttin, sondern als Geiergöttin.

Die Pyramide ist ein großes, ganz aus Stein errichtetes Hügelgrab, das aufgrund seiner vier Seiten auch die Symbolik des Mandala-Tempels miteinbezogen hat. Der Gang findet sich auf zwei Weisen wieder: zum einen als der Gang von dem Taltempel zu der Pyramide und zum anderen als der Gang, der in das Innere der Pyramide führt. Die große Höhe der Pyramiden entspricht der Himmelsleiter-Symbolik der Turm-Tempel.

Die Grabkammer in den Hügelgräbern ist das Vorbild für die „Hölle" geworden, in der der Teufel wohnt. Das Wort „Hölle" ist eine Variante des deutschen Wortes „Höhle" und des nordgermanischen Wortes „Hel", mit dem sowohl eine Höhle als auch die Höhlen-Unterwelt und die Jenseitsgöttin bezeichnet wurden.

Der Teufel ist als Ziegen-Mann bzw. allgemeiner als Herdentier-Mann der Tote in einen solchen Hügelgrab-Grabkammer. Der Teufel ist somit ursprünglich der Tote in seiner Grabkammer gewesen.

Bei den Bestattungen in den Hügelgräbern gab es verschiedene Varianten. Eine von ihnen ist die Brandbestattung. Bei ihr wurde der Tote auf einem Streitwagen oder auf einem Schiff verbrannt – beides diente ihm als Fahrzeug ins Jenseits. Anschließend wurde dann die Asche des Bestattungsfeuers mit Erde und Steinen bedeckt, sodaß ein Hügel entstand.

Die Brandbestattung hat eine längere Vorgeschichte. Es war naheliegend, die Ahnen beim gemeinsamen Mahl der Sippe ebenfalls einzuladen und ihnen symbolisch ein paar Stücke Fleisch zu reichen. Daraus haben sich die Opfergaben an die Ahnen entwickelt. Um diese Opfergaben ins Jenseits senden zu können, mußten die Opfergaben „sterben" – also wurden diese Gaben zerbrochen, verbrannt, in einem See versenkt oder sonstwie zerstört oder unzugänglich gemacht. Das Verbrennen in einem Feuer war dabei eine der einfachsten und sinnlich gesehen eindrücklichsten Varianten.

Durch das Verbrennen der Opfergaben entstand das Motiv des Feuers als Jenseitstor – dies ist die Wurzel für das Entzünden eines Feuers oder einer Kerze als Eröffnung eines Rituals und auch für die „ewigen Feuer" in einigen Tempeln sowie das große

Feuer im Tempel bei den Mysterien von Eleusis. Alle diese Feuer öffnen das Tor zum Jenseits, sodaß der Kontakt zu den Ahnen und zu den Göttern möglich wird.

Auch der Feuerlauf, der unter anderem von den Germanen, Kelten und Griechen bekannt ist, hat ursprünglich die Symbolik einer Jenseitsreise gehabt – wenn man barfuß über die Glut geht, geht man ins Jenseits.

Die verschiedenen Arten der Feuerprobe wie die Hand ins Feuer legen oder die Hand in siedendes Öl halten, waren ebenfalls solche Jenseitswege: Der jeweilige Gott beschützte den, der die Wahrheit sprach, vor Verbrennungen.

Es lag nahe, auch bei Bestattungen das Tor zum Jenseits durch ein Feuer zu öffnen und folglich den Toten zu verbrennen.

Das war natürlich ein „mythologischer Kreisschluß": Die Opfergaben mußten durch Feuer „getötet" werden, damit sie ins Jenseits gelangten – folglich mußten auch die Toten verbrannt werden, damit sie ins Jenseits gelangten … obwohl sie doch schon tot waren …

Insbesondere bei den Germanen ist aus dem Brauch des Brandbestattungs-Hügelgrabes die Vorstellung entstanden, daß im Inneren eines Hügelgrabes weiterhin ein Feuer brennt – solange der Geist des in diesem Hügelgrab bestatteten Toten noch in diesem Grab weilt.

Dieses Bestattungsfeuer im Hügelgrab wurde mit der Grabkammer im Hügelgrab dann in sehr später Zeit zu einer Feuer-Höhle assoziiert – die Feuer-Hölle des Teufels.

Die Toten wurden schon in der frühen Jungsteinzeit in Göbekli Tepe als Schlangen aufgefaßt, weil sich sowohl die Toten als auch die Schlangen in der Erde aufhielten (Schlangen in Höhlen und Erdspalten).

Durch die Verbindung der Ahnen-Schlange mit dem Seelenvogel entstand die geflügelte Schlange, d.h. der Drache.

Als man mit ihm auch noch das Bestattungsfeuer assoziierte, wurde daraus der feuerspeiende, geflügelte Drache.

In manchen Ländern, insbesondere in China, assoziierte man mit ihm auch noch den Löwen der Stärke (Maul, Mähne, Pranken) und den Fisch als Symbol der Seele in der Wasserunterwelt (Barteln am Maul).

Auf diese Weise wurde der Teufel auch noch mit der Schlange assoziiert – wobei die Schlange von der Gestalt des Toten zu der Schlange als der Ursache für den Tod umgedeutet worden ist.

Dasselbe Schicksal ereilte auch die Jenseitsgöttin – sie wurde zu den gefürchteten Jenseitsgöttinnen wie Hel, Kali oder Morrigan und schließlich zu „des Teufels Großmutter". Eigentlich hätte sie aufgrund der Wiedergeburtssymbolik „des Teufels Mutter" werden müssen, aber da die Mutter derart fest mit Schutz und Geborgenheit assoziiert gewesen ist, mußten die christlichen Missionare auf das Motiv der Großmutter des Teufels ausweichen.

Wenn ein Motiv verzerrt und dadurch auch polarisiert wird, entsteht zum einen ein Schreckensbild, das zu einem Teil des Teufels-Bildes wird („hier seine Großmutter"), und zum anderen zu einem Idealbild, das sich alle ersehnten.

Diese Polarisierung begann damit, daß die Jenseitsgöttin als Wiederzeugungs-Geliebte in die ersehnte Wiederzeugungs-Geliebte und in ihre gefürchtete Funktion als Jenseits-Herrin zerfiel. Das Motiv des Wiederstillens entwickelte sich relativ neutral zu dem Ritualtrank und schließlich zu dem Lebenselixier weiter.

Während die Jenseitsherrin immer schrecklicher dargestellt wurde, wurde die Wiederzeugungs-Geliebte in immer leuchtenderen Farben ausgemalt. Der Tote einschließlich des Sonnengottes im Jenseits, der ursprünglich als Toter ausgesprochen passiv war, wurde dabei entsprechend den mittelalterlichen Vorstellung über Mann und Frau immer aktiver und wurde schließlich zu dem Held, der in die Höhle (Grabkammer) zog, um die Jungfrau (Jenseitsgöttin) zu befreien und zu heiraten. Da sich in der Höhle auch noch der Tote als Schlange bzw. Drache befand, tötete der Held auf heroische Weise den Drachen und rettete die Jungfrau – eine sehr gründliche Verdrehung der ursprünglichen Mythe, durch die der Drache zu einem weiteren Bild des Bösen wurde, das vernichtet werden mußte …

Um das Bild abzurunden, wurde die Hölle des Teufels auch noch durch einen Wachhund, den „Höllenhund" ergänzt: Garm bei den Germanen, Cerberus bei den Griechen, Anubis bei den Ägyptern usw.

Im Laufe der Missionierung ist schließlich das Feuer und die Feuerprobe als Element des heidnischen Glaubens zu der Strafe der Hexenverbrennung umgedeutet worden. Die Kleriker „bewiesen" durch die Verbrennung u.a., daß die heidnischen Götter den Hexen nicht halfen – was sie der Feuerprobe zufolge eigentlich tun sollten.

Die Hexenverbrennungen haben dem Feuerhöllen-Motiv noch einen weiteren, grausamen Aspekt hinzugefügt …

Wenn man sich diese Entwicklung anschaut, wird deutlich, daß die Hölle am Anfang der schwangere Bauch der Erdgöttin gewesen ist – also die Quelle allen Lebens … und daß diese Höhle am Ende zu dem Ursprung des Todes geworden ist.

Diese Umdeutung einer Hilfe auf der Jenseitsreise und im Jenseits selber zu einer Ursache des Todes ist in der Entwicklung von Mythen sehr weit verbreitet. Diese Umdeutung findet man immer dann, wenn es einen größeren kulturellen Umbruch gegeben hat – insbesondere dann, wenn sich die Vertreter einer monotheistischen Religion darum bemüht haben, eine andere, ältere Religion auszurotten.

4. Traumreise zum Teufel

Ich führe diesmal erst einmal kein Gespräch mit dem Teufel („akustische Traumreise"), sondern reise in die Bilderwelt („optische Traumreise"): Ich schaue mir die Hölle mal näher an. Was ich dabei finden werde, ist mir noch ziemlich unklar ...

Es ist dämmrig – Abend, noch nicht Nacht ... da ist ein Weg in einem schmalen Tal, das jedoch keine steilen Hänge hat ... Ich gehe leicht abwärts, aber auf dem Talgrund ist komischerweise kein Bach oder so, obwohl das Tal eigentlich groß genug dafür wäre ...

Das Tal endet an einem etwas steileren Hang – dort ist ein Höhleneingang ... ich hätte jetzt den Eingang in ein Hügelgrab erwartet, aber das hier ist eine natürliche Höhle – zumindestens sieht der Eingang so aus ...

Ich gehe hinein ... felsiger Boden, kleine Steine, kaum Sand, eher ein wenig Kies, aber eckige Kiesel, keine runden Flußkiesel – das ist ungewöhnlich für eine solche Höhle ... ich gehe weiter hinein, sie führt leicht abwärts ... der Gang schlängelt sich ein wenig, aber er ist von seiner Größe her fast immer gleich ...

Ich spüre, daß hier vor langer Zeit Menschen gewesen sind ... der Gang wird größer, die Decke teilweise höher, das Ganze wirkt nicht mehr wie ein Schlauch, sondern deutlich eckiger ... ich kann spüren, daß hier irgendwo Höhlenmalereien sind ... jetzt komme ich in eine größere Halle ... links vorne ist ein aus Ton modellierter lebensgroßer Bär ... da liegen auch ein paar Bärenschädel ... da sind halb abgebrannte Knochen, die in der Altsteinzeit als Fackeln in den Höhlen benutzt worden sind ...

Ganz links ist eine flache, enge Höhle, in der man gerade so liegen könnte – ihr Boden ist ganz von Steinen u.ä. freigeräumt ... ist das eine Ritualhöhle, in der man die Wiedergeburt dargestellt hat?

Rechts hinten geht ein Gang weiter zu einem unterirdischen See – aber da gehe ich nicht hin ...

Wo sind hier die Höhlenbilder? ... Dahinten links sehe ich eines oben an der Decke – die müssen damals Leitern oder Gestelle benutzt haben ... da sind Wisente und Rentiere ... und Wasserwellen, einige Fische – die Ahnen in der Wasserunterwelt?

„Wo ist hier das Wichtigste zu finden?"

Es zieht mich nach links hinten ... ich gehe dorthin ...

Dort ist ein freigeräumter Platz, er ist weitgehend glatt – keine größeren Steine ... er ist ungefähr 6m im Durchmesser oder vielleicht auch ein bißchen mehr – ich kann das nicht so genau schätzen ... naja, eher 7m ... ringsum liegen Steine – zum Sitzen?, als Begrenzung?, oder beides?

„Ist das hier der wichtigste Ort in dieser Höhle?" – „Ja, das ist der Ritualplatz." – „Wer antwortet mir da?" – „Ich."

Ich sehe einen Mann von rechts kommen, der ein Bärenfell trägt – also wird er wohl ein Schamane sein.

„Bist Du ein Schamane?" – „Ja." – „Was ist das wichtigste, was ich hier finden kann? Und wozu habt ihr diesen Platz benutzt? Ich kenne solche Plätze in Höhlen aus archäologischen Forschungsberichten ..." – „Das wichtigste bist Du." – „Ich kann mich hier selber finden?" – „Deine Seele." – „Weil das hier die Unterwelt ist? Das Seelenreich?" – „Ja." – „Und was habt ihr hier gemacht – vor 25.000 Jahren oder so?" – „Wir sind in die Unterwelt zu den Seelen gereist – zu den Seelen unserer Ahnen und zu unseren eigenen Seelen."

Die Höhlen mit den Malereien, den Ton-Statuetten und den Ritualplätzen aus der späten Altsteinzeit entsprechen symbolisch den Schwitzhütten und den späteren Tempeln und Hügelgräbern: der Bauch der Großen Mutter.

„Ist das richtig, was ich da gerade geschrieben habe?" – „Ja." – „Kannst Du mir etwas von dem zeigen, was ihr damals an solchen unterirdischen Ritualplätzen gemacht habt?" – „Ja – darum bist Du jetzt hier. Darum bist Du hierhergekommen. Und darum habe ich auf Dich gewartet." – „Ja ... gut ... soll ich irgendetwas tun?" – „Setzt Dich hier auf einen der Steine am Rand des Kreises."

Ich sehe einen, der mich anspricht – von Eingang zu diesem unterirdischen Steinkreis her gesehen ist der Stein rechts vorne ... das ist der Platz, auf dem ich auch sitze, wenn ich Schwitzhütten leite ...

„Hat der Platz eine Bedeutung?" – „Es ist Dein Platz. Schweig jetzt." – „O.k. ..."

Er setzt sich links von mir hin, dort wo der Eingang ist, und blickt zur Mitte. Ich warte ... ... es wird wärmer – komisch ... wieso eigentlich? ... Es ist Lebenskraft, keine physische Wärme ... das ist hier ein sehr ähnliches Gefühl wie in einer Schwitz-hütte ... die Höhle fängt an, sich organisch anzufühlen – das ist auch wie in der Schwitzhütte ...

Der Schamane beginnt Tiergeister zu rufen – ich kann sie undeutlich rings um den Kreis sehen ... Wisente, Rentiere ... es sind, glaube ich, alles Herdentiere, die da kommen ... das ist also keine normale Schwitzhütten-Zeremonie, bei der man Schlange, Bär, Adler und Büffel ruft, also verschiedene Tiere ... das fühlt sich hier nach Geborgenheit an ...

Ich erwarte eigentlich die Geister von Menschen, die hierher kommen, aber bislang sehe ich niemanden ...

„Schweige – auch innerlich." – „Ja, gut ..."

Der Schamane nimmt roten Ocker und beginnt mich zu bemalen – das kenne ich auch aus Grabungsberichten und von Naturvölkern und aus dem frühen Ägypten ... ach ja – auch innerlich schweigen ... Es sind Längsstriche mit jeweils fünf Fingern gleichzeitig – also das klassische Muster der Körperbemalung ... das ist belebend, stärkend ...

Ich bemerke auf einmal, daß rings um den Steinkreis einige Knochenfackeln brennen ... sie rußen erfreulich wenig ... Der Schamane reibt mir etwas von seinem Speichel auf mein Thymus-Zwischenchakra am oberen Ende meines Brustbeins ...

Soll da etwas öffnen? ... Es ist komischerweise eher eine Art Verbindung ... hm – werde ich hier gerade aufgenommen?

„Schweige und schaue!"

Ich kann die Verbindungen spüren ... zu den Tieren rings um den Steinkreis und auch zu einigen Menschen, die ich inzwischen sehen kann und die sich in den Kreis gesetzt haben – viele Kinder, einige Frauen, wenige Männer ... sie sind sehr unbefangen, sie fühlen sich wohl hier, sie sind sehr entspannt – auch die Kinder ... sie schauen zu ...

Der Schamane beugt meinen Kopf ein wenig nach vorne, also mein Kinn in Richtung Brust ... er setzt mir eine Fellmütze mit zwei Wisenthörnern auf ... das verwandelt mich, ich fühle mich anders ... wie soll ich das sagen ... lebendiger, erfüllter, organischer, integrierter ... irgendwie richtiger und lebendiger ... und ich fühle mich ganz deutlich als Teil einer Gemeinschaft ... einer Gemeinschaft von Lebenden und Toten, einer Gemeinschaft von Seelen ...

Die Menschen in dem Steinkreis beginnen sich leise rhythmisch auf die Schenkel zu klatschen ... summen sie? Ich bin mir nicht sicher ... Ich spüre auf einmal Wärme, Nähe, Berührung an meinem ganzen Körper, ob wohl mich niemand anfaßt ... das ist die Art von Berührung, die man als Ungeborenes im Mutterleib hat – kein Atmen, kein Essen, immer warm und schwerelos ... das ist wirkliche Geborgenheit ...

Das ist wie eine Schwitzhütten-Zeremonie ohne Schwitzhütte und ohne Schwitzen ... das tut gut ... alle Anspannung loslassen und wieder ein Ungeborenes im Mutterleib werden ...

Ich bleibe da einfach eine Weile in diesem Zustand ... ... das tut gut ... ...auch die anderen erleben dasselbe ... auch sie sind in dieser Geborgenheit ... ...

... ...
... ...
... ...

„Bleibe in dieser Geborgenheit, wenn Du die Höhle wieder verläßt – verlasse nicht diese Geborgenheit ... sie ist das, was Dich nährt und was Dich hält ..."   – „Ja ... das mache ich ... Vielen, vielen Dank!"

... ...
... ...
... ...

Schließlich verabschiede ich mich mit einem Lächeln, das mir von allen erwidert wird und gehe wieder nach draußen ... und ich bleibe zugleich in dieser Geborgenheit, wie es mir der Schamane gesagt hat ...

Das ist also das, was die „Hölle" ursprünglich einmal gewesen ist ... wir haben uns im Laufe unserer Religionsgeschichte wirklich ganz schön arg verlaufen und verirrt …

5. Die böse Schlange

Die Schlange ist schon in der späten Altsteinzeit ein Symbol für die Seele des in der Erde bestatteten Toten gewesen – vielleicht ist diese Symbolik auch noch älter. Sie erscheint auf jeden Fall schon auf den Steinpfeilern in den Tempeln von Göbekli Tepe vor 12.000 Jahren in Nordmesopotamien.

Da sich diese Symbolik vor 12.000 Jahren bereits in mehrere weitere Symboliken aufgefächert hatte, ist es anzunehmen, daß es das Motiv der Schlangen-Ahnen zu Beginn der Jungsteinzeit schon längere Zeit gegeben hat – also zumindestens bereits in der späten Altsteinzeit.

Aus der Schlange als Ahnengeist, der in der Erde lebt (die Toten in den Gräbern, die Schlangen in Felsspalten und Höhlen), ist die Schlange als Symbol für den Jenseitsweg geworden.

Die zweite abgeleitete Symbolik ist die Schlange als das, was aus dem Jenseits kommt: der Segen der Ahnen für ihre Nachkommen.

Die dritte abgeleitete Symbolik der Schlange ist die Kundalini, d.h. die im Körper aufsteigende Lebenskraft, die offenbar dem aus der Erde aufsteigenden Segen der Ahnen verglichen worden ist. Die Kundalini ist den Schamanen schon sehr früh bekannt gewesen, was einfach dran liegt, daß das Erlernen der Astralreise (die zentrale Fähigkeit eines Schamanen) und das Erwecken des Kundalini-Feuers weitgehend übereinstimmen: In beiden Fällen lernt man vor allem, sich seines eigenen Lebenskraftkörpers bewußt zu werden.

Wegen der doppelten Assoziation der Schlange mit dem Tod zum einen über ihr Gift und zum anderen darüber, daß sie ein Symbol für die Ahnen gewesen ist, wurde die Schlange auf besonders intensive Weise mit dem Tod und daher auch mit der Todesangst verknüpft. Dadurch rückte sie in die Nähe der Gestalt des Teufels, der u.a. die Verkörperung der Ängste ist.

Es gab noch eine weitere wichtige Entwicklung in der Schlangen-Symbolik in der Mitte der Jungsteinzeit:

Um 10.500 v.Chr. endete die letzte Eiszeit und mit ihr auch die Altsteinzeit. Es wurden die ersten Tempel in Göbekli Tepe errichtet, die Menschen konnten wegen des deutlich größeren Wildreichtums in dem wärmeren Klima in größeren Gruppen zusammenleben und um 8500 v.Chr. wurde der Ackerbau erfunden – so begann die Jungsteinzeit, die mit der Gründung des Ägyptischen Reiches um ca. 3150 v.Chr. endete.

Während es in der Eiszeit recht starke Schneefälle und in der frühen Jungsteinzeit recht starke Regenfälle gegeben hatte, wurde es ab 6000 v.Chr. deutlich trockener. Das führte dazu, daß der Ackerbau schwieriger wurde – was vor allem für die südrussische Steppe galt, in der damals die Vorfahren der späteren Indogermanen, die um ca. 7000 v.Chr. von Mesopotamien aus dorthin eingewandert waren, Ackerbau betrieben hatten.

Da diese Trockenheit ein großes Problem war und die Menschen in diesem Land, das allmählich zur Steppe wurde, zwang, von Ackerbau zu halbnomadischen Viehzüchtern zu werden, frug man sich natürlich, wo der Regen geblieben war.

In den damaligen Vorstellungen befand sich unter der Erde ein großes Süßwassermeer – die Sumerer nannten es „Abzu". Dieses Motiv war dadurch entstanden, daß das Süßwasser der Quellen aus der Erde emporsprudelt und auch die Wolken am Horizont aus der Erde aufzusteigen scheinen. Aufgrund dieses Süßwassermeeres unter der Erde ist auch das Bild der Wasserunterwelt entstanden, in der sich die Toten befanden – möglicherweise hat es dabei auch eine Assoziation zu dem Fruchtwasser im Bauch einer Mutter gegeben.

Offensichtlich entstand die Dürre, weil irgendjemand den Regen daran hinderte, aus der Unterwelt emporzusteigen und die Erde zu bewässern. Doch wer konnte das sein? Dieser Jemand mußte sehr groß sein – doch die Jenseitsgöttin konnte es nicht sein, da sie den Menschen wohlgesonnen war.

Es gab jedoch noch ein zweites großes Wesen in der Unterwelt, zu dem solch ein Regenraub passen konnte: Dadurch daß die Schlange als Gestalt der Ahnengeister aufgefaßt worden ist, war sie auch zu einem Symbol des Weges in die Unterwelt hinein und des Weges wieder aus ihr hinaus geworden. Auch die Sonne starb am Abend und versank weit im Westen im Meer bzw. in der Erde, reiste dann durch die gesamte Unterwelt und wurde am Morgen im Osten wiedergeboren. Der Weg der Sonne durch die Unterwelt war also eine Schlange, die vom westlichen Horizont bis zum östlichen Horizont reichte – eine gewaltige Schlange!

Dieser Schlangenweg der Sonne durch die Unterwelt wird auch in einigen Varianten des Ägyptischen Totenbuchs beschrieben. Auch die Midgardschlange der Germanen oder die schlangengestaltige Göttin Tiamat der Sumerer sind Bilder dieser Riesenschlange in der Unterwelt.

Offenbar ist es diese Riesenschlange gewesen, die den Regen in der Unterwelt gefangenhielt. Sie raubte ihn offensichtlich jedes Jahr im Frühjahr aufs Neue. Wie die Herbstgewitter zeigen, gelang es jedoch dem Himmels- und Donnergott am Ende des Sommers, diese Riesenschlange zu besiegen und den Regen wieder zu befreien – die Gewitter sind der Lärm des Kampfes des Himmelsgottes gegen die Riesenschlange.

Aus diesem Motiv sind die vielen verschiedenen Drachen- und Schlangenkämpfe entstanden von Thors Streit mit der Riesenschlange Jörmungandr in der Wasserunterwelt bis hin zu dem Kampf des Erzengels Michael mit dem Drachen. Dieses Motiv hat sich auch der Geschichte des Helden beigemischt, der die holde Jungfrau aus den Klauen des Drachen in seiner Höhle befreit – diese Höhlen-Drache ist im Wesentlichen eine Umdeutung der Toten (Held) in Schlangengestalt bei seiner Wiederzeugung mit der Jenseitsgöttin in der Grabkammer seines Hügelgrabes gewesen.

Auch hier hat es wieder eine Not gegeben, d.h. die Dürre, die den Ackerbauern ab 6000 v.Chr. sehr zu schaffen machte, die der Anlaß dafür gewesen ist, eine „böse Gestalt" zu entwerfen – der Teufel besteht offenbar aus allem, was die Menschen fürchten.

Eine der bekanntesten „bösen Schlangen" ist sicherlich die Schlange im Paradies in der Schöpfungsgeschichte in der Bibel. Dort ist die Göttin als Wiedergeburts-Mutter der Schlangen-Ahnengeister zu der Verführerin Eva geworden …

5. Traumreise zum Teufel

„Magst Du mir noch etwas zu Deiner Schlangengestalt sagen, Teufel?"

„Warum sollte ich?"

„Liegt Dir irgendetwas daran, daß die Menschen verstehen, wer Du bist?"

„Es sollte eher euch etwas daran liegen, mich zu verstehen."

„Es macht für Dich also keinen Unterschied, wie die Menschen Dich sehen?"

„Es hat eine Wirkung auf mich, aber ich habe da keine Vorlieben."

„Hm ... das ist eine Perspektive, aus der heraus ich mir das Ganze noch nie betrachtet habe ... Hat der Teufel oder haben die Götter Vorlieben? ... Ich nehme an, daß sie ganz einfach das sind und ausdrücken, was sie sind?"

„Ja."

„Und das sie sich auch ändern können und dann eben dieses Geänderte ausdrücken?"

„Ja."

„Und wenn wir Dich verstehen, könnte das dazu führen, daß wir Dich weniger fürchten und vor allem, daß wir uns vor weniger Dingen in der Welt und in unserem Leben fürchten und dadurch eine kleinere 'persönlichen Teufelsgestalt' in uns tragen?"

„So könnte man es sagen – wenn Du als Heiler schaust. Aber glaubst Du wirklich, Du könntest allen Schmerz in der Welt auslöschen? Alle Gewalt? Alle Angst? Alle Gier? Alle Irrtümer? Alles Leid? Hältst Du Dich für Buddha?"

„Hm ... Du bist also nicht nur eine Gestalt, die im Laufe der Jahrtausende durch Irrtümer, Ängste und Gier entstanden ist und die man heilen kann, indem man z.B. die Irrtümer aufklärt und Gefühle wieder integriert? Bist Du so etwas wie der ewige Kampf der Menschen gegen die Welt?"

„Du kommst der Sache näher ..."

„Das klingt aber sehr skorpionisch – dieser fundamentale Widerspruch zwischen

Ich und Welt, zwischen Wille und Schicksal ... aber Du scheinst ja wirklich eine skorpionische Gestalt zu sein, also 'Skorpion' im astrologischen Sinne ...

Bist Du ganz einfach die Hindernisse, die endlose Auseinandersetzung des Menschen mit der Welt?"

„Nicht schlecht formuliert ..."

„Aber die Skorpion-Sichtweise ist nur eine von vielen möglichen Sichtweisen ... die Sichtweisen der anderen elf Tierkreiszeichen führen zu anderen Weltbildern ..."

„Aber alle kennen Leid und kennen daher den Teufel!"

„Da betonst Du nun aber wieder auf skorpionische Weise das Scheitern, die Widerstände, den Schmerz, die Angst, die Gier, den Mangel, die Ohnmacht, die Selbstzweifel usw. ..."

„Sie sind das zentrale Erlebnis."

„Für einen Skorpion."

„Wer könnte ein anderes Gefühl als intensiver empfinden als den Schmerz?"

„Du stellst das Heftigste in das Zentrum und machst es zum Maß der Dinge."

„Was sonst ergäbe einen Sinn?"

„Das Häufigste in das Zentrum zu stellen? Das Angenehme? Die Identität? den Selbstausdruck? Den Lebenstanz? Den Genuß? Die Neugier? Die Erkenntnis?"

„Ich möchte sehen, wie Du zu Erkenntnissen kommst, wenn Du in heftigem Schmerz bist! Oder wie Du Dich selber ausdrückst, wenn Du leidest!"

„Das kann ich durchaus ... aber ich sehe schon, daß wir uns an diesem Punkt nicht einig werden können ..."

„Das liegt daran, daß der Widerspruch das Wesentliche ist."

„Was wiederum bestätigt, daß wir uns nicht einig werden können. ... Aber das brauche ich in diesem Fall auch nicht – schließlich will ich zunächst einmal einfach nur verstehen, wer Du bist ... und damit komme ich allmählich voran.

Vielen Dank!"

Der Teufel grummelt nur vor sich hin ...

„Ho!"

6.   Gott und Teufel

In der Altsteinzeit ist der direkte Kontakt das wichtige Element gewesen – das Erleben, die Präsenz, die schnelle Reaktion, die Wahrnehmung. In dieser Zeit reichte es, die Dinge auf die einfachste Weise, d.h. durch Assoziationen zu verarbeiten. Dies ist auch heute noch die unterste Grundlage der Gehirntätigkeiten.

Der „gute Zustand" war die Fülle, die Geborgenheit, die Wärme, die Nahrung … also die (Große) Mutter … Diese Qualitäten wurden durch die Schwitzhütte ausgedrückt.

Das „Böse" war dabei ganz einfach das, was unangenehm war: der Hunger, der Schmerz, der Mangel, die Kälte, der Tod eines Menschen usw.

In der Jungsteinzeit lebten 500-mal mehr Menschen zusammen, es entstanden verschiedene Berufe, die ersten Dörfer, der Ackerbau, die Viehzucht – das Leben wurde so komplex, daß es nicht mehr möglich war alle zu kennen und alles zu wissen. Daher entstand der Vergleich als Verarbeitungsprinzip: das Gleichnis, die Analogie, die Mythen, der Kult, die Tradition – und als Essenz dieser Haltung die Richtigkeit.

Diese Richtigkeit ist der richtige Aussaattermin, die gerade Achse der Töpferscheibe, die Rundheit des Rades, das richtige Gestimmtsein der Harfe usw. Das Wort für diese Richtigkeit ist der zentrale Begriff in diesen Weltanschauungen gewesen: die *ma'at* („Mutter") der Ägypter, das *me* („Mutter") der Sumerer, das *ho'zhong* („Schönheit") der Navahos, das *tashi* („glückliches Schicksal") der Tibeter, das *tao* („Weg") der Chinesen, das *sidr* („althergebrachte Weise") der Germanen, das *rita* („Rad") der Inder, das *asha* („Rad") der Perser, das *aya* („Rad") der Hethiter, der *ritus* („Rad") der Römer, das *dharma* („Versmaß") der Inder, die *fhirinne* („Wahrheit") der Kelten, die *prawda* („Wahrheit") der Slawen, das *dikaios* („Gerechtigkeit") der Griechen usw.

Die Abweichung von dieser Richtigkeit verursachte Leid und war daher etwas, was man vermied. Die „Nicht-Richtigkeit" wurde nur selten als eigenständiges Prinzip formuliert und benannt. Es findet sich z.B. bei den Ägyptern als *isfet* und bei den Hopis als *koyaanisqatsi*. Manchmal, aber eher selten, sind diese Prinzipien auch als Göttinnen aufgefaßt worden – so sind z.B. sowohl die *Ma'at* als auch die *Isfet* der Ägypter Göttinnen. Hier ist noch der Ursprung der Richtigkeit als Weiterentwicklung der Geborgenheit bei der Großen Mutter erkennbar.

Die „Nicht-Richtigkeit" in dieser Epoche ist einer der Vorläufer des Teufels.

Mit der Gründung des Ägyptischen Reiches um ca. 3150 v.Chr., mit dem auch das Königtum begründet wurde, entstand ein neues Ordnungsprinzip. Durch den König wurde ein sehr großes Gebiet zentral gelenkt. Dazu waren ein Zahlensystem, eine Schrift, eine Verwaltung u.ä. notwendig. Der große Vorteil dieses Systems bestand darin, daß durch die großräumige Koordination u.a. der Landwirtschaft einschließlich der Bewässerung eine wesentlich sicherere Versorgung mit Nahrungsmitteln erreicht werden konnte.

In diesem System entwickelte sich die Richtigkeit der Jungsteinzeit zu dem Befehl des Königs weiter – der Wille des Königs lenkt das Ganze.

Dieses neue Zentralismus-Prinzip hatte auch Auswirkungen auf die Religion: Im Kreis der vielen Götter trat der Urgott in den Vordergrund, wurde schließlich zu dem Göttervater, der sich zu dem einen Gott, der verschiedene Aspekte hat, weiterentwickelte, was dann letztendlich in den Monotheismus mündete. Der Mensch gestaltete seine Götter nach dem Vorbild seiner eigenen Kultur.

Der König war nun der Erhalter der Richtigkeit und der Gerechtigkeit – und er war der Stellvertreter Gottes auf Erden, wobei der eine Gott letztlich der eigentliche Erhalter der Richtigkeit und der Gerechtigkeit war.

Da gab es jedoch einen offenkundigen Widerspruch: Wenn Gott gerecht war und wenn er allmächtig war, warum läßt er dann soviel Unrecht zu? Und warum bestraft er es nicht einmal? Die Lösung für dieses Problem war das Jenseitsgericht: Dort erhielt man die „gerechte Strafe" für sein Fehlverhalten im Diesseits.

Diese Strafe wurde natürlich schon bald auf zunehmend drastische Weise illustriert: So wurde z.B. in Ägypten der Tote, der das Jenseitsgericht nicht bestand, von dem Monster Ammut, das ein Nilpferd mit Krokodilkopf und Panther-Vorderbeinen war, gefressen. Hier findet sich wieder die Verbindung des Teufels (Monster) mit dem Tod (Vernichtung der Seele).

Das Teufels-Monster ist also anfangs ein Helfer des einen gerechten Gottes gewesen, durch das er diejenigen bestraft, die in ihrem Leben nicht der Richtigkeit bzw. dem Gesetz des Königs gefolgt sind. Der Teufel war usprünglich Gottes Henker …

Dieses Monster hat sich jedoch schon bald verselbständigt und wurde schließlich zu einem Gegenspieler Gottes. Er wurde die „Anti-Macht" zu Gottes Allmacht, die das Leid und die Ungerechtigkeit in der Welt erklären sollte. Es wurde in den monotheistischen Religionen allerdings nie schlüssig erklärt, warum Gott den Teufel erschaffen hat – schließlich hat er alles erschaffen. Genauso wenig wurde erklärt, warum Gott, wenn er schon den Teufel erschaffen hat, den Menschen die Freiheit gab, zwischen Gott und Teufel zu wählen – und dann die Menschen bestraft hat, wenn sie den Teufel, also das „Böse" gewählt hatten. Warum hat Gott den Menschen die Freiheit gegeben, wenn er sie anschließend bestraft, wenn sie ihre Freiheit auch benutzen?

Das monotheistische System ist nicht schlüssig, wenn es nicht das Motiv des Teufels enthält. Dies liegt daran, daß das jedes zentralistische System einen alles beherrschen wollenden Wille gibt, aber es natürlich auch immer Menschen gibt, die etwas anderes wollen und tun. Das eigentlich Problem ist, daß Gott als König aufgefaßt wird. Ein König ist mächtig, aber nicht allmächtig – daher gibt es in seinem Reich natürlich auch Ungerechtigkeiten … das ist ganz normal. Wenn man jedoch Gott als allmächtig und allgerecht auffaßt und vielleicht auch noch als allweise, dann bekommt man ein Problem mit der Deutung der Ungerechtigkeit in der Welt …

Man könnte auch ganz schlicht sagen, daß die Vorstellung von einem auf irdische Weise gerechten Gott eine Illusion ist – eine Übertragung irdischer Verhältnisse auf das Jenseits. Dieselbe Art von Irrtum hatte es ja auch schon bei der Wiederzeugung, beim Jenseits und bei der Hölle gegeben.

6. Traumreise zum Teufel

„Ich vermute, daß Du während des Königtums eine deutlich größere Härte bekommen hast, Teufel – stimmt das? Die Macht des Königtums und die Gehorsamkeitsforderung durch den König an seine Untertanen müßten ja eigentlich allen Abweichungen von den Königsbefehlen und allen Widersprüchen zu ihnen dieselbe Macht-Intensität gegeben haben … und natürlich noch mehr den Abweichungen von 'Gottes Gesetz', also im Christentum z.B. von den zehn Geboten.“

„Fertig geredet?! Hör auf zu labern, wenn Du eine Frage gestellt hast und hör Dir erst einmal die Antwort an, bevor Du die nächste Frage stellst!“

„O.k.“

„Ja, stimmt.“

„Hm … magst Du sonst noch etwas dazu sagen?“

„Während der Altsteinzeit gab es durchaus das Leid, aber keinen Teufel. Auch in der Jungsteinzeit gab es keinen Teufel, sondern nur die Nicht-Richtigkeit, die manchmal, aber nur sehr selten und auch erst beim Übergang zum Königtum personifiziert worden ist. Zu einer eigenständigen Gestalt bin ich erst im Königtum geworden.“

„In dieser Epoche sind ja sehr viele Prinzipien personifiziert worden …

… … … … … … … … …

Habe ich da noch etwas übersehen, was in dieser Epoche zu Deiner Entwicklung beigetragen hat? Was wichtig für Deine Biographie und Dein Wesen gewesen ist?“

„Die Angst des Täters vor demjenigen seiner Opfer, das ihn schließlich angreifen wird.“

„Hm – weil die Herrschenden immer Angst vor dem Aufstand der Beherrschten haben? Zumindestens, wenn sie Despoten sind …“

„Ja – dadurch wurde auch der Teufel zu einem Wesen, das Macht ausübt, das der 'Dunkle Herrscher' ist, den der 'Lichte Herrscher' fürchtet …“

„Das ist dann ein Problem, wenn sich der Herrscher mit seiner Machtstellung identifiziert und sie gegen alles verteidigt, nicht wahr?“

„Ja.“

„Wenn der Herrscher das Wohl des ganzen Volkes im Blick hat, ist das anders, nehme ich an?“

„Ja."

„Dann sind ja 'Sauron' im 'Herr der Ringe' und 'Lord Voldemort' in den 'Harry Potter'-Büchern unter anderem auch Charakterstudien des Teufels ..."

„Nein – Sauron und Voldemort haben viele Eigenschaften des Teufels, aber sie sind konkrete Halbgötter bzw. Menschen. Dadurch erhalten sie eine etwas andere Dynamik. Voldemort will z.B. Unsterblichkeit – ich brauche die nicht zu suchen, da ich solange leben werde, wie ihr Menschen euch noch vor der Angst und vor dem Leid fürchtet und in Irrtümern lebt."

„Das heißt ja dann, daß die Dementoren in den 'Harry Potter'-Büchern dem Teufel noch näher kommen, oder?"

„Nein – sie sind der Schatten eines einzelnen Menschen, also das, was er fürchtet."

„Hm ... und die 'Schwarzen Reiter' im 'Herrn der Ringe'?"

„Sie sind die Geister von toten Königen, d.h. sie illustrieren vor allem die Angst vor dem Tod, durch die die Toten als bedrohlich erscheinen."

„Du stellst das sehr präzise, markant und einleuchtend dar – diese Gespräche mit Dir sind ausgesprochen wohltuend, Teufel. Ich hätte vor einem Jahr noch nicht gedacht, daß ich jemals einen solchen Satz schreiben würde."

„Merci."

„Gibt es noch etwas, was Du mir zu dem Teufel in der Epoche des Königtums und des Monotheismus sagen könntest?"

„Die 'Höllischen Hierarchien' sind eine Parallelbildung zu den Hierarchien in der Kirche und in den Königreichen. Sie sind die dunkle Entsprechung zu den lichten himmlischen Heerscharen ... wobei es immer die Frage ist, was man eigentlich will – davon hängt es ab, welches Heer man 'licht' und welches man 'dunkel' findet. Das ist wie im Krieg – man findet immer das eigenen Heer gut und das andere böse ... folglich werden alle Kriege von allen beteiligten Seiten immer im Namen des Guten geführt."

„Tja, auch Dein Beiname 'Fürst der Finsternis' zeigt das Prinzip der Hierarchie eines Königreiches ... auch bei den klassischen Dämonenbeschwörungen aus dem Mittelalter wird erst Gott, dann die Erzengel, dann die Engel usw. angerufen, um von ihnen Schutz zu erhalten, und dann werden die Teufel, dann die Höllenfürsten und schließlich Satan als der Höllenkönig selber beschworen ... es muß alles seinen geordneten Behördenweg gehen, sonst funktioniert das ganze nicht ..."

Oh, der Teufel grinst ... ihm scheint meine Beschreibung zu gefallen ...

„Gibt es noch mehr, was Du dazu sagen magst, Teufel?"

„Wir sollten mal zusammen einen trinken gehen, Kumpel!"

„Ehm ... ich mag keinen Alkohol, aber wenn's Dir recht ist, wenn ich einen Schlehensaft trinke, dann gerne!"

„O.k., dann komm!"

„Ehm ... ja ... o.k. ..."

Er führt mich durch die engen, dunklen Gassen eines mittelalterlichen Dorfes oder vielleicht eher einer kleinen Stadt zu einer Gastwirtschaft ... ich bin ja fast noch nie in Wirtschaften gewesen ...

Es ist laut und voll, warm und recht hell – ein ziemlicher Trubel ... hinten rechts ist ein Tisch, an dem nur ein einzelner Mann mit einem roten Vollbart sitzt ... Dort führt mich der Teufel hin. Die beiden scheinen sich zu kennen ... Der Teufel ruft der Bedienung die Bestellung zu und eine Frau bringt mir ein Glas Schlehensaft, dem Teufel etwas Hochprozentiges und eher Klares und dem Rotbart einen großen Humpen Met ...

Wohin führt denn diese Traumreise jetzt bloß hin?

... ...

„Bist Du Thor, Rotbart? Du hast Ähnlichkeit mit ihm, aber Du siehst auch deutlich anders aus ..."

Er lacht ... „Nein, der bin ich nicht, auch wenn ich ihn gut kenne – nenn mich einfach 'Barbarossa'."

„'Barbarossa' heißt ja einfach Rotbart – aber Du bist nicht der germanische Donnergott Thor und wohl auch nicht König Friedrich Barbarossa, oder?"

Barbarossa lacht laut auf ...

„Aber wer bist Du denn? Und warum treffen wir Dich hier?"

Er grinst nur ...

„Warum bist Du mit mir hierhin gegangen, Teufel?"

„Weil er Dir gut tun wird, Harry."

„Hm ... bist Du etwa der Mars? So eine germanische Mars-Variante oder besser gesagt, Mars in germanisch-mittelalterlichem Gewand?"

„Treffer!"

„Und wir treffen Dich hier, weil Du Teil meines eigenen Schattens bist?"

„Noch ein Treffer! Guter Krieger, fürwahr!"

„Aber dafür, daß Du mein Schatten bist, finde ich Dich ausgesprochen sympathisch ..."

„Naja – jeder, der einen Schatten hat – also so gut wie jeder – fürchtet seinen Schatten und zugleich sehnt er sich nach ihm, denn es gibt nichts, dessen Integration ihn glücklicher machen könnte."

„Hm ... ja ... so klar habe ich das bislang noch gar nicht formuliert gehabt ..."

„Du gehst einfach zu selten in Kneipen!"

Als Barbarossa mein verdutztes Gesicht sieht, fängt er laut an zu lachen ...

„Jetzt verstehe ich, wieso Du, Teufel, mich in diese Kneipe zu Dir, Barbarossa, geführt hat. Was kannst Du mir denn zeigen oder beibringen, Barbarossa?"

„Komm mit Deinem Bewußtsein mal in mich hinein."

„O.k. ... Augenblick ... ... das fühlt sich sehr unbekümmert, offen und direkt an ... ein Leben mit offenem Visier sozusagen ... und Dein Schwertarm und Dein Schild-

arm sind gleich stark ... ich kämpfe ja fast nur mit meinem Schwertarm ..."

„Und da Du Rechtshänder bist und Deinen Schild folglich mit links hältst, schmerzt Dich Dein linkes Schultergelenk seit einem halben Jahr."

„Ehm ... da bin ich jetzt aber platt ... auf diese Deutung bin ich noch gar nicht gekommen ... das läßt sich jedenfalls nicht von der Hand weisen, auch wenn ich noch nicht vollständig davon überzeugt bin ..."

Barbarossa lacht schon wieder über mich ... „Du nimmst aber auch alles ernst, Du Kerl! Es hat was damit zu tun, aber es ist nicht die Ursache – die Ursache ist Deine Haltung beim Schreiben, wie Du ja schon gemerkt hast. Aber trotzdem ist das mit dem überanstrengten Schildarm doch ein schönes Bild, das Dich was verstehen läßt, nicht wahr?"

„Du spielst also mit Bildern?"

„Natürlich ... das tun doch alle, nicht wahr? Die Politiker, die andere von etwas überzeugen wollen, die Hypnotisiure, die andere einlullen wollen, die Chefs, die Gehorsam erzwingen wollen, die Kleriker, die ihre Schäfchen disziplinieren wollen, die Künstler mit ihren Bildern und Melodien ..."

„Naja ... aber es gibt ja auch präzise Analogie wie im I Ging, in der Astrologie, im kabbalistischen Lebensbaum usw."

„Das ist was anderes ... und Dein Kopf braucht gerade keine Erweiterung, sondern Dein Hara, Dein Bauch, Deine Gefühle – eben Dein Mars."

„Und da sind alle Methoden recht?"

„Wenn sie zum Ziel führen ... wie sagt ihr doch gleich? 'Im Krieg und in der Liebe sind alle Mittel erlaubt.' und 'Der Erleuchtung ist es egal, wie Du sie erlangst.'"

„Jetzt bin ich aber ziemlich von meinem Besuch in Deinem Bewußtsein abgewichen ... ... Was gibt es denn da noch? ... Hm, einen starken Sexualdrang – auch der ist ziemlich unbekümmert ... ... da ist auch eine Gutmütigkeit und eine Gelassenheit – die erinnert mich an Hagrid in 'Harry Potter' ... da ist auch Genießen ... eher einfache Genüsse wie Sex, Abenteuer, Essen, Trinken, Reiten, Ringkämpfe ... ..."

Hm, ich kehre mal wieder in mich selber hier an diesen Kneipentisch zurück ...

„Ich vermute, daß ihr mir noch mehr zeigen könnt, oder?"

Die beiden schauen sich an und grinsen einvernehmlich ... „Na klar," sagen sie, „komm mal mit."

Sie gehen mit mir durch eine Tür neben der Theke, an der gerade ziemliche viele Leute ziemlich laut reden und offenbar schon recht trunken sind ... Es geht weiter durch einen Gang und dann in einen größeren Raum, in dem viele Männer und Frauen sind ... viele sind unbekleidet und haben gerade Sex miteinander ... andere sitzen in einer Ecke und rauchen ... ein paar andere spielen gemeinsam Laute ... einige schlafen auch einfach oder dösen vor sich hin, wieder andere trinken ...

„Wo sind wir hier, Barbarossa?"

„Das sind die Dinge, die Du verpaßt hast, die Du Dir oft nicht zugestanden hast *oder die Du Dir zwar geholt hast, aber niemandem etwas darüber erzählt hast ...*"

"*Ist das jetzt sozusagen der Inhalt meines Schattens?*"

Der Teufel und Barbarossa schauen mich nur verschmitzt an und schweigen ...

"*Nein, das kann eigentlich nicht mein Schatten sein – das ist nur der 'graue Schatten', nicht der 'schwarze Schatten', also der halbintegrierte Teil meines Schattens ... Dann müßte da hinten doch eigentlich noch eine weitere Tür und ein weiterer Gang sein, der mich zu meinem 'schwarzen Schatten' führt, oder?*"

"*Treffer!*"

"*Hm ... das ist ja wie in allen Beschreibungen des Jenseits ein Weg durch verschiedene Kammern ... wie in dem Märchen 'Das Nußzweiglein' oder in Dantes 'Inferno' ... O.k. – ich will auch die nächste Kammer sehen!*"

Barbarossa wendet sich an den Teufel: "Na, immerhin ist Dein Kumpel, den Du da mitgebracht hast, mutig."

Ich gehe zur anderen Seite des Raumes und dann durch die Tür ... der Gang dahinter ist deutlich dunkler als der vorige Gang vom Kneipenraum zu dem 'Party-Raum' ... die nächste Tür ... ich öffne sie ... wieder ein Raum, aber sehr, sehr groß und weit ... ein Schlachtfeld, Tote, Verwundete, Blutende ... auch Kranke, Selbstmörder und andere ...

Was ist hier das zentrale Element? ... Der Kampf ... anderen Leid zufügen ... sich auf Kosten der anderen durchsetzen ... sich das nehmen, was man haben will ... hemmungslos in seinem Wollen sein ... ... ja, das hat sehr viel mit meinem Schatten zu tun, mit meinem 'persönlichen Teufel' ...

"*Teufel oder Du, Barbarossa – was kann ich hier tun, um das zu integrieren?*"

"*Das, was Deine Kundalini Dich gelehrt hat: 'schauen, fühlen, umarmen'.*"

"*Hm ... der Kampf ist notwendig, das kann ich sehen ... mit aller Kraft den Kampf gewinnen wollen, ist auch nötig – sonst könnte man's auch bleiben lassen ... das schließt nicht das Streben nach friedlichen Lösungen aus, aber das Kooperationsstreben darf nicht die Kraft des Selbstausdrucks und der Selbstdurchsetzung beeinträchtigen ... o.k., soweit ist das klar ...*

Und wie fühlt sich das an? ... feurig, lebendig, kriegerisch ... eigentlich einfach, aber ich muß es auch tun ... hm – braucht das Zeit? – Ja, aber bitte nicht zuviel ...

Und umarmen? Ja, ich will so werden, ich will Barbarossa integrieren ... ich nehme ihn in mich auf ...

Mal schauen, was das bewirkt ...

Hm, Teufel, gibt's da noch eine Tür? Vielleicht zu dem kollektiven Schatten, also zu Deinem Reich?"

"*Ja, die gibt es.*"

"*Dann will ich auch noch dahin gehen.*"

"*O.k. ... dann komm!*"

Der Teufel führt mich durch den Raum zu der Tür am anderen Ende. Auch sie führt zu einem Gang. Der Gang ist fast völlig dunkel. Der Boden wird sumpfig – bin ich schon durch eine Tür am Ende des Ganges gegangen, ohne es zu merken? Es wird immer morastiger und mooriger ... fahles Licht, leicht flach-hügelig ... Schilf ... Elmsfeuer ... oder Glühwürmchen? ... auf jeden Fall milchigweiße, leicht bläuliche Lichter über dem Sumpf ...

Was ist hier das Wichtigste? ... ... Totenschädel liegen in dem Sumpf ... Gerippe ... Ist der Tod hier das Wichtigste? ... Da spricht was zu mir, aber ich kann es noch nicht verstehen – es ist eher ein Rauschen, Zischen, dumpfes Pfeifen oder so was in der Art ... Spricht da der Tod zu mir? ...

„Was wäre hier gerade hilfreich, Teufel?"

„Hinsetzen und ruhig werden."

„O.k."

Ich setze mich ... der Boden ist naß und sumpfig ... er riecht leicht faulig ... das ist Auflösung ...

„Teufel – ist diese Auflösung die Schattenseite des astrologischen Planeten Neptun, der an meinem Aszendenten steht?"

„Ja."

„Dann ist das hier nicht der kollektive Schatten, der kollektive Teufel, sondern mein eigener Schatten?"

„Ja."

„Wenn das hier der kollektive Schatten wäre, hättest Du Dich vermutlich auch schon in diese Landschaft hinein aufgelöst, oder?"

„So allmählich beginnst Du die Logik dieser inneren Lebenskraft-Bilder zu verstehen ..."

„Neptun – was willst Du mir zeigen?"

„Genau das, was Du siehst."

„Ich verstehe die Bedeutung noch nicht so ganz."

„Fühle."

„Da ist Entspannung, loslassen ... auch sterben ... in Frieden sterben ... die eigene Form aufgeben ... ... Ist das etwas, womit ich mich noch schwer tue, Neptun?"

„Das Loslassen in seiner ganzen Tiefe fällt Dir noch schwer, ja."

„Hm – ist das der allherbstliche Tod des Osiris, der meine Schutzgottheit ist?"

„Dort fühlst Du Dich inzwischen sicher – Du fürchtest die allgemeine Auflösung."

„Hm ... ja, das kann ich spüren – das 'Versumpfen' ... das will ich nicht ... Und daran ist etwas nicht in Ordnung?"

„Du fliehst vor Drogen, vor Fäulnis, vor Schimmel, vor Geisteskrankheiten, vor Demenz, vor allen unangenehmen Formen der Auflösung ..."

„Hm – und ist das in irgendeiner Weise ein Problem?"

„Nein – das ist das, was Du tust, was Du entschieden hast, was Du willst."

„Heißt das, daß der persönliche Teufel ganz schlicht aus den Dingen besteht, gegen die man sich entschieden hat?"

„Ja."

„Dann heißt das ja, daß man dann, wenn man sich für etwas entscheidet, ein Ideal erschafft, aber zugleich auch einen Teufel erschafft – eben das, was man nicht will …"

„Man kann es so sehen."

„Nur wenn ich nichts wollen würde, gäbe es kein Ideal und keinen Schatten … aber dann wäre ich auch nicht wirklich da und nicht wirklich lebendig … Aber das bedeutet dann ja, daß ich, wenn ich mich selber ausdrücke, automatisch auch einen Teufel erschaffe – eben das, was das Gegenteil von dem ist, was ich will …

Das bedeutet dann doch auch, daß der Teufel eine Notwendigkeit im Leben ist: Ohne Entscheidungen kein Teufel, ohne Entscheidungen keine Lebendigkeit – und Lebendigkeit impliziert den Teufel …

Das ist ein völlig neuer Blickwinkel für mich … Ist denn die Erschaffung eines Teufels im Sinne des Gegenteils dessen, wofür man sich entschieden hat, eigentlich ein Problem?

Wie siehst Du das, Teufel?"

„Es ist kein Problem, Dich für etwas zu entscheiden und damit andere Dinge abzulehnen. Das hindert Dich keineswegs daran, das zu tun, was Du willst – das ermöglicht Dir erst, etwas zu wollen und es auch zu erreichen.

Ein Problem ist es nur, wenn Du etwas verdrängst, wenn Du Teile von Dir nicht lebst, wenn Du falsche Vorstellungen entwickelst, wenn Du Dich von Angst, Haß und Gier leiten läßt."

„Hm … dann gibt es also so etwas wie einen 'gesunden, notwendigen Teufel' und einen 'schädigenden, krankmachenden Teufel'?"

„Du kannst es so nennen."

„Ich glaube, das ist mir jetzt erst einmal genug – das muß ich erst einmal in mir sacken lassen … Oder habt ihr, Du, Teufel, oder Du, Neptun, noch etwas, was ihr mir sagen möchtet?"

Neptun: „Alles zu seiner Zeit – es eilt nicht."

Teufel: „Ja, so ist es."

„Danke, ihr beiden."

„Bitte."

Ich gehe innerlich durch die beiden Gänge, die beiden Zimmer und die Kneipe zurück zu dem Ausgangspunkt und verlasse dann die Traumreise …

„Ho!"

7. Ordnung und Chaos

Der Teufel repräsentiert alles, was in der Ordnung in einem Königtum oder in der Ordnung in einer monotheistischen Religion stört, Chaos verursacht oder ihr zuwiderläuft. Man nennt den Teufel ja auch den „Anti-Christ", also den Gegenpol zu Christus, der im Christentum das Maß aller Dinge ist.

Dieser Anti-Christ, Anti-König, Anti-Gott, dieses personifizierte Prinzip der Anti-Ordnung hat schon einige Vorläufer in der Jungsteinzeit, also in der mythologisch-magischen Weltsicht dieser Epoche.

Eine sehr ursprüngliche Form ist das ägyptische Götter-Brüderpaar Osiris und Seth. Osiris ist der Korngott und daher auch der Kulturgott sowie aufgrund des Korn/Mensch-Gleichnisses auch der Totengott; Seth ist hingegen der Gott der Wildnis. Dies ist der Grundgegensatz, der durch den Ackerbau und die Viehzucht um ca. 8500 v.Chr. in Mesopotamien entstanden ist.

Der Korngott-Totengott ist das Dorf in der Mitte, darum herum die Gärten, dann die Äcker und schließlich ganz außen die Weiden – der Gott der Wildnis ist die Steppe, die Wüste, der Wald, die Gebirge, der Busch …

Anfangs war dies einfach die Welt, wie sie die Menschen vorgefunden bzw. geprägt haben: eine Insel der Kultur in der Natur. In dieser Form ist dieser Gegensatz in Ägypten auch bis 600 n.Chr. weitgehend erhalten geblieben: Osiris ist der Gott des fruchtbaren Schwemmlandes des Nils und Seth ist der Gott der Wüste. Seth tötet Osiris in jedem Herbst – die Ernte des Getreides ist der Tod des Osiris … da lag es nahe, den Mord an Osiris durch seinen Gegenpol, also durch Seth durchführen zu lassen. Deshalb war Seth jedoch nicht „böse", sondern eben ein Teil des Laufs der Dinge – sowohl des menschlichen Lebens als auch des Getreides … Selbst in der Spätzeit des ägyptischen Reiches benannten sich Pharaonen noch nach Seth und damals war „Sethnacht" („Stärke des Seth") noch immer ein beliebter Männername.

Erst nach dem Verfall des ägyptischen Reiches begann Seth zu einem Teil des allgemeinen Teufelsbildes zu werden.

Deutlich näher am Bild des späteren Teufels als Seth war schon das Monster Ammut, das beim Jenseitsgericht die Sünder fraß. Doch selbst dieses Monster wurde noch als eine notwendige Einrichtung betrachtet – allerdings wurde es auch gefürchtet.

Schließlich gab es in Ägypten noch eine dritte Wurzel des Teufels: die Göttin Isfet, die die Nicht-Richtigkeit verkörpert hat.

In der ägyptischen Religion hat es jedoch nie einen „richtigen Teufel" gegeben.

Eine interessante Entwicklung kann man bei Osiris feststellen. Er ist der Gott der Toten und des Getreides. Alle Ägypter wünschten sich, im Jenseitsgericht wie Osiris zu werden, zu einem Osiris zu werden, zu Osiris zu werden. Osiris war das Ideal und die Hoffnung und die Verkörperung der Richtigkeit.

Um 1500 n.Chr. später war in Europa ein ganz anderes Bild aus dem gleichnis zwischen dem Tod der Menschen und der Ernte des Getreides entstanden: der Sensenmann. Als Skelett ist er der Tod, als Mann mit der Sense ist er der Erntehelfer, der das Getreide „tötet".

Während Osiris das Bild der Hoffnung gewesen ist, ist der Schnitter das Bild des Schreckens gewesen … Hoffnung und Todesangst sind mit demselben Bild dargestellt worden, was zeigt, wie sehr die Angst vor dem Tod ein Gleichnis prägen und in sein Gegenteil verwandeln kann.

Durch diese Angst ist das Bild des ersehnten Gottes Osiris zu dem gefürchteten Bild des Schnitters geworden …

Wieder eine andere Version des Gegensatzes von Ordnung und Chaos findet sich in den beiden griechischen Göttern Apollo und Dionysos. Apollo ist die Ordnung, die Meditation, der Rhythmus, die Sonne, das Lichte, Strahlende – Dionysos ist das kreative Chaos, die Ekstase, das Brechen jeglicher Regeln, das Düstere, Unfaßbare …

Hier liegt der Gegensatz anders als bei Osiris und Seth: Es sind die beiden grundlegenden Methoden der Jenseitsreise des Schamanen und somit auch der Veränderung des Bewußtseins.

Bei der Meditation wird man immer stiller – sie ist die Nachahmung des Todes, bei dem die Seele ihren Körper und ihre Psyche ablegt und wieder ganz sie selber ohne Hülle wird.

Bei der Ekstase wird man immer lauter – sie ist der Tanz, die Jagd, die vollkommen einsgerichtete Tätigkeit, durch die die Seele schließlich ungehindert durch die Psyche nach außen strahlt und ganz als sie selber in der Welt in Erscheinung tritt.

Apollo und Dionysos haben dasselbe Ziel, aber streben es mit genau entgegengesetzten Methoden an: Apollo mit der Herstellung der vollkommenen Ordnung – Dionysos mit der Auflösung jeglicher Ordnung.

Dionysos ist nun keineswegs der Teufel, aber er kommt ihm von seinem Charakter her recht nahe …

Wieder ein anderes Konzept findet sich in dem kabbalistischen Lebensbaum in der jüdischen Mystik, die um ca. 800 n.Chr. in ihren wesentlichen Zügen ausformuliert worden ist, aber deren Wurzeln weit in die vorchristliche Mythologie zurückreichen.

Es gibt zwei Lebensbäume: Der eine von ihnen besteht aus den 11 Sephiroth, die die richtige, heile Ordnung darstellen und somit der ägyptischen Göttin Ma'at entsprechen – der andere von ihnen besteht aus den 11 Qliphoth, die die nicht-richtige, kranke Unordnung darstellen und somit der ägyptischen Göttin Isfet entsprechen.

Die heutige Deutung dieser beiden Systeme hängt natürlich sehr von dem Weltbild des Betreffenden ab: Sie reicht von „Ordnung und Störung" über „Gott und Teufel als Gegenspieler" bis hin zu „Gott und Teufel als gleichberechtigte Pole".

Egal, welche dieser Deutungen man vorziehen mag, bleiben die Qliphoth jedoch immer sozusagen eine „Anatomie des Teufels".

Wieder eine andere Version des Gegensatzes „Ordnung und Chaos" ist das hindhuistische „Samadhi und Karma" bzw. das buddhistische „Nirvana und Samsara".

Das Samadhi und das Nirvana sind der erlöste, Leid-freie Zustand, der von Hindhuisten und Buddhisten zwar verschieden beschrieben wird, aber trotzdem für beide der richtige, erstrebenswerte Zustand ist.

Das Karma sind die Ursachen für das Leid das man erlebt, das Samsara ist das Leben im Leid – beides wird letztlich als das „Böse" angesehen, das es zu vermeiden gilt. Dabei ist interessant, daß das Leid in beiden Fällen als selbstverschuldet und der Mensch als autonom und somit als in der Lage angesehen wird, dieses Leid auch zu beenden. Letztlich besteht dieser Unterschied darin, daß in den monotheistischen Religionen, also vor allem im Judentum, Christentum und Islam, die „gesetzliche Grundlage" für die Entstehung des Leides in dem Willen und dem Gesetz des Einen Gottes gesehen wird, während Hindhuismus und Buddhismus die Ursache für das Leiden eher in einer Form von „spirituellen Naturgesetzen" sehen.

Daher haben in Indien auch die vielfältig und üppig ausgemalten Bilder des Leidens im Diesseits und im Jenseits sowie die dieses Leiden im Jenseits verursachenden Götter letztlich nicht so sehr den Charakter von eigenständigen Wesen, sondern mehr den Charakter von Verkörperungen von Naturgesetzen angesehen.

Das führt dazu, daß der Mensch im Hindhuismus und im Buddhismus nicht gegen einen Teufel kämpfen muß, sondern sich lediglich um Welterkenntnis und Selbsterkenntnis kümmern und sich dadurch weiterentwicken und leidfrei werden soll.

Es gibt auch im Hindhuismus gefürchtete Gottheiten wie die Zerstörungsgöttin Kali oder den Totengott Yama, aber sie sind niemals an sich „böse" und somit eine Form des Teufels – sie ergeben sich stets aus den „spirituellen Naturgesetzen" und deren Beachtung bzw. Nichtbeachtung durch den einzelnen Menschen.

Insbesondere der Buddhismus betont, daß die ganzen Monster in ihrer Religion, die als „rasende und bluttrinkende Gottheiten" bezeichnet werden, alles letztlich Eigenschaften eines Erleuchteten darstellen, wie z.B. die Bereitschaft, die Welt so zu sehen, wie sie ist – den grenzenlosen Gleichmut, also die grenzenlose Gelassenheit. Solange man diese Fähigkeit noch nicht vollständig erworben hat, wird man zwar schrittweise immer mehr sehen, aber man wird über das, was man sieht, entsetzt sein – vor allem über das, was man in sich selber sieht. Wenn man jedoch die vollkommene Bejahung erlangt hat, kann man alles mit einem Lächeln betrachten – sogar sich selber.

„Gott und Teufel" als „Ordnung und Chaos" können je nach der Weltanschauung recht verschieden bewertet und aufgefaßt werden: vom Stein auf dem Weg, an dem man sich den Zeh stößt, über den Feind, gegen den man kämpfen muß, bis hin zu einer grundlegenden Dualität in der Welt, die aus dem persönlich Gewollten und dem persönlich Ungewollten besteht.

Die Angst vor dem Teufel ist in den Religionen am größten, in denen der Teufel der Feind des Einen Gottes ist und dessen Absichten stört und die Menschen zu folgenreichen Handlungen verführt. Diese Religionen, in denen der Teufel die größte Rolle spielt, sind das Judentum, das Christentum und der Islam.

Der Teufel gedeiht nur im Monotheismus …

7. Traumreise zum Teufel

„Hallo Teufel – habe ich das mit Dir und dem Monotheismus richtig erkannt?"

„Das hatten wir doch schon … ohne einen absoluten Herrscher im Himmel und seinen Stellvertreter auf der Erde entsteht keine Härte … und somit auch kein Teufel, der unbedingt vernichtet werden muß."

„Hm … das Königtum und der Monotheismus, der das religiöse Spiegelbild des Königtums ist, entsprechen ja im Menschen der phallischen Phase, in der der Mensch aus dem 'ja' der oralen Phase und aus dem 'Nein!' der analen Phase das 'Ich!!!' der phallischen Phase erschafft. Kann ich daraus schließen, daß es zur Erschaffung des Ichs notwendig ist, auch einen Teufel zu erschaffen? Also eine Gestalt, die alles das darstellt, was man nicht will, wofür man sich nicht entschieden hat? Kann man, ohne einen Teufel zu erschaffen, gar nicht eigenständig werden?"

„Das siehst Du im Prinzip richtig, aber Du bewertest es falsch."

„Ehm …?"

„Die Unterscheidung von 'gewollt' und 'abgelehnt' ist als Orientierung notwendig – diese Unterscheidung und vor allem diese Entscheidung sind die Grundlage dafür, daß Du ein Ich entwickeln kannst. Du brauchst das 'gut' und das 'böse' – sonst weißt Du nicht, wer Du bist und was Du willst. Es ist auch notwendig, dafür zu kämpfen, das zu erreichen, was Du willst, und das zu verhindern, was Du nicht willst.

Doch das heißt ja nicht, daß Du das, was Du nicht willst, zu dem 'allgemeinen Bösen' erklärst, das Du überall vernichten mußt. Und das heißt auch nicht, daß Du der oberste Herrscher der gesamten Galaxie werden mußt, um das zu erreichen, was Du erreichen willst."

„Der Wille braucht also eine Unterscheidung in 'hell' und 'dunkel'?

„Diese Unterscheidung ist die Grundlage des Willens – das 'Ja' des Babys und das

'Nein! des Kleinkindes ermöglichen es erst, einen Willen, also ein 'Ich!!!' zu entfalten."

„Hm ... das 'Ja' des Babys entspricht der Geborgenheit in der Schwitzhütte bei der Muttergöttin in der Altsteinzeit und das 'Nein!' des Kleinkindes entspricht dem Blick auf die Wildnis in der Jungsteinzeit ... wodurch schließlich das 'Ich!!!' des 'inneren Königs' entstehen kann ..."

„Ja."

„Der Teufel ist also notwendig, damit das eigene Ich Stabilität, Kraft und Strahlkraft erlangt ... ohne Teufel keine Überzeugungskraft im Leben ... Schau einer an! Wer hätte das gedacht?! ... ... Ich finde es erstaunlich, wo diese ganzen Betrachtungen hinführen – vor allem diese Traumreisen ...

Überseh ich da noch was Wesentliches?"

„Du könntest einmal betrachten, wie die Geschichte eines einzelnen Menschen weitergeht und welche Rolle ich darin spiele."

„Hm, ja ... darauf hätte ich eigentlich auch selber kommen können – schließlich ist das normalerweise mein übliches Vorgehen ...

Also: Da sind zunächst einmal das 'Ja' der oralen Phase (das entspricht der Altsteinzeit) und dann das 'Nein!' der analen Phase (das entspricht der Jungsteinzeit), aus deren Verbindung dann das 'Ich!!!' der phallischen Phase entsteht (das entspricht dem Königtum).

O.k. – und dann: die genitale Phase ... In der Pubertät hat man idealerweise das 'Ich!!!' als solide Grundlage und blickt von dort aus auf die Welt – das entspricht dem Materialismus mit seiner Betonung von Wissenschaft und Technik. Das ist ein 'Du?'

Die Antwort auf dieses Du kann man auf eine sichere und tragfähige Weise geben, wenn man vorher klar erkannt hat, was man will, also das 'Ja', und wenn man klar erkannt hat, was man nicht will, also das 'Nein!'. In der Altsteinzeit lebt man als Teil der Natur in der Natur und stimmt der Natur zu, da sie alles ist, was da ist ... In der Jungsteinzeit erschafft man die Inseln der Kultur in der Natur und verteidigt sie gegen die Natur.

Man wird sich in der genitalen Phase ein 'Du' suchen, was dieselben Ziele und Ideale und folglich auch dieselben Abneigungen und somit denselben Teufel hat. Je klarer beide wissen, was sie wollen und je klarer sie das dem anderen zeigen, desto größer ist die Chance, daß sie jemanden finden, mit dem sie zusammenpassen.

O.k. ... die adulte Phase. ... Nun ist der Jugendliche erwachsen geworden und hat eine Familie gegründet – aus dem 'Ich!!!' und dem 'Du?' ist nun ein 'Wir' geworden. Das ist kollektiv gesehen die Phase der Globalisierung, die ungefähr mit der Gründung der UNO um 1942 begonnen hat. Sie beruht auf der Einsicht in die Notwendigkeit der allgemeinen Zusammenarbeit auf unserer Erde.

Welche Rolle spielt da der Teufel? Das ist leicht zu sehen: Es wurde deutlich, daß wir uns selber als Menschheit durch Kriege, Atomkriege, Überbevölkerung, Umweltverschmutzung, Klimaerwärmung, Artensterben, Ressourcenverbrauch, ungehemmtes Wirtschaftswachstum usw. ausrotten könnten. Der Teufel war in diesem Fall also das Bild unseres kollektiven Todes. Die Erkenntnis dieser ganz realen Möglichkeit ist das, wozu wir 'Nein!' gesagt haben ... das ist also der Teufel, dessen Konkretisierung und Verwirklichung wir vermeiden wollen.

Hm – der Teufel scheint ja ein geradezu notwendiger Bestandteil unserer Entwicklung zu sein ... das hätte ich so nicht erwartet ...

Das Ideal dieser individuellen Phase bzw. dieser kollektiven Epoche wäre die Auflösung der Grenzen: das Ganze in Verantwortung tragen und von dem Ganzen in Vertrauen getragen werden.

Die nächste Etappe der individuellen und kollektiven Entwicklung: die tutorale Phase. ... In ihr sind die Kinder aus dem Haus und man unternimmt Reisen, lernt neue Dinge kennen, lehrt anderen die eigenen Kenntnisse, schreibt Bücher usw. Das ist ein 'Anderes ...'

Kollektiv gesehen liegt diese Phase noch in der Zukunft – in ihr werden wahrscheinlich viele neue Varianten der ersten stabilen Form des Zusammenlebens der Menschen auf der Erde, die in der adulten Phase, also während der Globa-lisierung entwickelt werden, entstehen.

Was ist da der Teufel? Das Festgelegtsein auf eine einzige Rolle? Dann würde das Ideal das Kennenlernen der Vielfalt der Welt sein ...

Und der letzte Entwicklungsschritt: die geronte Phase ... Der alte Mensch betrachtet die Welt, erlebt sich als Teil des Ganzen – und die Menschheit als Kollektiv wird sich vermutlich auch als Einheit erleben. Dann ist aus dem 'Wir.' und dem 'Anderes ...' ein alles umfassendes 'Alles' geworden.

Was ist hier der Teufel? Das Ablehnen eines Teiles der Welt? Vermutlich ... Löst sich dadurch letztlich der Teufel auf, weil man dem Ganzen zustimmt? Das klingt zumindestens danach ... kurz darauf löst man sich ja auch selber mit seinem eigenen Tod auf – da paßt es, daß man davor auch seinen eigenen Willen weitet und seine Vorlieben reduziert und die Welt so nimmt, wie sie ist ... naja, das ist letztlich auch das, was Buddha gemacht hat ...

In der oralen Phase (0-1 Jahr) und in der Altsteinzeit
ist das Ideal die Fülle
und der Teufel der Mangel,
der das Drängen des Süchtigen
und den Rückzug des Asketen entstehen läßt.

In der analen Phase (1-3 Jahre) und in der Jungsteinzeit
　　ist das Ideal die Kraft und die Klarheit
　und der Teufel die Macht,
　　　die die Macht des Täters
　　und die Ohnmacht des Opfers entstehen läßt.

In der phallischen Phase (3-12 Jahre) und im Königtum
　　ist das Ideal die Selbstliebe
　und der Teufel der Selbstzweifel,
　　　der den Größenwahn des Stars
　　und den Minderwertigkeitskomplex des Fans entstehen läßt.

　Diese drei ersten Phasen erschaffen die drei grundlegenden Eigenschaften Fülle, Kraft und Selbstliebe – bzw. Mangel, Macht und Selbstzweifel. Die folgenden vier Phasen variieren diese Eigenschaften in neuen Zusammenhängen.

In der genitalen Phase (ca. 12-21 Jahre) und im Materialismus
　　ist das Ideal der Selbstausdruck
　und der Teufel die Selbstunsicherheit,
　　　die das Drängen des Rücksichtslosen
　　und das Verzagen des Ängstlichen entstehen läßt.

In der adulten Phase (ca. 21-58 Jahre) und in der Globalisierung
　　ist das Ideal die Kooperation
　und der Teufel das drohende Scheitern der Gemeinschaft,
　　　die die Dominanz des Nähe-Verlangenden
　　und die Unterordnung des des Nähe-Erbittenden entstehen läßt.

In der tutoralen Phase (ca. 58-70 Jahre) und in der Zukunft I
　　ist das Ideal das Leiten
　und der Teufel der Zwang,
　　　der das Brüllen des Befehlenden
　　und das Schweigen des Haltsuchenden entstehen läßt.

In der geronten Phase (ca. ab 70 Jahre) und in der Zukunft II
　　ist das Ideal die Öffnung
　und der Teufel die Spaltung,
　　　die die Zerstörung durch den Egoisten
　　und das Festklammern des Altruisten entstehen läßt.

Was hältst Du, Teufel, von dem, was ich mir da jetzt so überlegt habe?"
„Das reicht erst mal – wir werden ja noch ein paar Gespräche haben …"

„Danke! Vielen Dank!“

„Bitte ... das passiert ja auch nicht so oft, daß sich jemand bei mir bedankt ...“

„Das tue ich von Herzen! ... ... Ho!“

8. Der Gott der Wildnis

Nun – eigentlich gab es dieses Thema ja schon, aber es gibt hier noch einige weitere Aspekte zu entdecken.

Der Gott der Wildnis ist der Gegenpol zu dem Gott des Getreides, zu dem Gott des Viehs, zu dem Gott der Dörfer … er ist das Wilde, Ungeordnete – er ist das, was der Mensch sich von der Erde noch nicht untertan gemacht hat … Nun, dieser Aspekt des Teufels hat ja heutzutage nicht mehr allzuviel Kraft …

Im Königtum wurde der Gott der Wildnis auch zu dem Gott der Fremdländer, also zu dem Gott der Ausländer – und somit tendenziell zu dem Gott der Feinde.
Diese Entwicklung läßt sich z.B. bei dem ägyptischen Gott Seth beobachten. Auch die Nordgermanen und insbesondere die Wikinger haben die Nicht-Wikinger, also alle Völker, die sie ausgeplündert haben, den Riesen gleichgesetzt, die von dem Donnergott Thor getötet worden sind. In diesem Zusammenhang wird die Fremdenfeindlichkeit geradezu noch als etwas Natürliches angesehen – hier stand das „Ich" noch vehement gegen das „Nicht-Ich" und somit das eigene Volk gegen die anderen Völker, das „Wir" gegen das „Nicht-Wir".
Für die Epoche der Globalisierung ist das eine ausgesprochen hinderliche Einstellung, wenn wir unser Überleben auf diesem Planeten sichern wollen.
Neben diesem „Wir und die andern"-Denken gab es jedoch in den frühen Kulturen auch das Gebot der Gastfreundschaft, das für alle Menschen galt …

Ein weiterer Aspekt des Wildnisgottes ist ganz schlicht seine Wildheit – er lebt ungehemmt seine Gefühle und Instinkte, ist begierig, blickt nicht voraus, ist zerstörerisch, fügt sich nicht ein …
Diese Wildheit ist einerseits eine große emotionale Lebendigkeit, aber andererseits auch eine reflexhafte Orientierung in der Welt – ihm fehlt der Augenblick des Innehaltens zwischen Reiz und Reaktion, die das bewußte Ich ausmacht.
Alle diese Wildnis- und Chaos-Götter scheitern letztlich … der ägyptische Seth, der germanische Loki, der Koyote der Prärieindianer, der Spinnengott Iktomi der Dakota-Indianer, der westafrikanische Spinnenmann Anansi usw. Ihnen fehlt die ruhige Gesamtübersicht und sie tricksen sich selber aus …

Der Wildnis-Aspekt des Teufels wird oft auch mit seinen Trieben, Instinkten und mit seiner übersteigerten Sexualität verbunden. Er ist zwar einerseits listig, aber andererseits auch so sehr von seinen Instinkten und Trieben gelenkt, daß er dann doch etwas Wichtiges übersieht, was seine Pläne zum Scheitern bringt.
Dieser Aspekt des Teufels ist eigentlich ein Bild der Abschreckung, also eine

Schilderung von Fehlern, die man begehen könnte und die man lieber vermeiden sollte.

Man kann auch die Ekstase als einen Aspekt der Wildheit ansehen – schließlich gelangt man u.a. auch durch wilde Tänze in diesen Zustand der Einsgerichtetheit. Allerdings haben diese Tänze, diese Gesänge und Mantras auch alle einen sehr geordneten Aspekt, da sie alle vollständig auf ein einziges Ziel ausgerichtet sind – z.B. die Invokation einer Gottheit.
Daher gehört die Ekstase nur auf den ersten Blick aufgrund ihrer großen Kraft zu der Wildheit. Doch diese große Kraft ist geleitet – sie kann auch das innige Gebet eines Priesters vor einer Statue seines Gottes sein.

Ein anderer möglicher Aspekt der Wildheit ist der Rausch, der durch Drogen verursacht wird. In ihm wird die bewußte Kontrolle aufgegeben und man überläßt sich einer Eigendynamik, die durch die Droge im eigenen Körper und im eigenen Bewußtsein hervorgerufen wird.
Da sowohl das Königtum als auch der Materialismus durch ein hohes Maß an Ordnung, Kontrolle und Berechenbarkeit geprägt sind, werden die meisten Drogen als störend und schädlich angesehen und daher verboten. Sie sind somit offiziell „böse" und somit „Teufelswerk".

8. Traumreise zum Teufel

„Habe ich bei der Wildheit noch etwas übersehen, Teufel?"
„Sie fehlt Dir ein wenig ..."
„Ehm, ja ... Wildheit macht verlangend, dominant und einflußreich – das ist das Extrem des Süchtigen, des Täters und des Stars ... ich bin ja eher auf der Seite des Asketen, des Opfers und des Fans, auch wenn ich mich da zunehmend herausarbeite ...
Aber ich meinte eher, ob Du dazu noch etwas Allgemeines sagen oder mir zeigen kannst."
„Das Allgemeine ist nutzlos, wenn Du nicht Dein eigenes siehst."
„Ja, gut ... man könnte argumentieren, daß ein Beispiel meist das Anschaulichste ist. Wo bin ich denn wild?"
„Wenn Du Musik improvisierst, wenn Du tanzt, wenn Du durch den Wald stromerst ..."
„Das sind alles Dinge, die ich in der Regel alleine tue ..."
„Das ist Dein Problem – Du hast Deine Wildheit nicht integriert, Du lebst sie als

Solo, also beinahe heimlich, Du hältst Deine Wildheit nicht für gesellschaftsfähig, Du glaubst, daß Dich alle verlassen, wenn Du wild wirst ... Dir ist ja selbst das laute Schreien Deiner Freundinnen beim Orgasmus manchmal peinlich ..."

„O.k. ... jetzt wirst Du aber ziemlich privat ..."

„Du kannst Dich nur ändern, wenn Du zum Wesentlichen gehst ..."

„Ja, gut ... Wildheit ist also ungezügelter Selbstausdruck ... ohne Rücksicht auf die anderen ... zumindestens ohne Angst vor den Reaktionen der anderen ... Hm – kann das sein, daß Wildheit bedürfnisorientiert ist und nicht personenorientiert?"

„Der Teufel ist immer bedürfnisorientiert ..."

„Zumindestens, wenn er einen Skorpion-Aszendenten hat ..."

„Die Orientierung an Personen ist die Haltung des Asketen, des Opfers und des Fans – die Orientierung an Bedürfnissen ist die Haltung des Süchtigen, des Täters und des Stars."

„Oh – das war mir noch gar nicht aufgefallen ... ja, das stimmt ... Und Du bist bedürfnisorientiert, weil Du eher der Typ des Süchtigen/Täters/Stars bist?"

„In den meisten Fällen gehöre ich zu diesem Typ, ja. ... Sonst wäre ich ja kraftlos ..."

„Was ist denn dann die heile Haltung in der Mitte zwischen diesen beiden Extremen? ... Vermutlich die Fähigkeit, sich die eigenen Bedürfnisse zu erfüllen und dabei auch die anderen Menschen wahrzunehmen und deren Bedürfnisse mitzubedenken ... also Kooperation ... Vertrauen und Verantwortung – aber in Eigenständigkeit ...

Gibt es dazu noch mehr zu sagen?"

„Vergiß nicht, daß Erkenntnisse nur dann etwas bringen, wenn Du sie auch in die Tat umsetzt."

„Ja ... o.k. ... das ist wohl wahr ... ... Danke, Teufel."

„Bitte."

„Ho!"

9. Der Gott der Hexen

Der Teufel wird oft als der Gott der Hexen und allgemein der Heiden angesehen. Der Teufel wird aus der Sicht der „richtigen Religion" als der Gott der „falschen Religion" aufgefaßt … das ist letztlich dasselbe Prinzip wie im Königtum: das eigene „rechte" Volk und die anderen, „falschen" Völker, von denen man bedroht wird …

Die Hexen sind ursprünglich die Seherinnen und Priesterinnen vor allem der Germanen und in geringerem Maße auch der Kelten und Slawen gewesen. Sie wurden von den christlichen Missionaren zu Hexen umgedeutet – wobei sie jedoch u.a. auf der bereits bestehenden Angst vor der germanischen Unterweltsgöttin Hel und vor der slawischen Unterweltsgöttin Babajaga aufbauen konnten … die Missionare mußten mit der „Verteufelung" nicht bei Null anfangen.

Für einen christlichen Missionar waren die Priester und Priesterinnen der Religion an dem Ort, an dem sie die Menschen zum Christentum bekehren wollten, natürlich die Hauptfeinde – ihr direktes Gegenüber, das eine andere Weltsicht vertreten hat. Daher mußte möglichst als erstes diese Priesterschaft umgebracht werden – schon im Alten Testament hat Elias mit Gottes Hilfe in einem Zauberwettstreit die Priester des Ba'al besiegt und sie anschließend alle töten lassen.

Der Zauberwettstreit war früher die übliche Methode, um herauszufinden, welcher Gott der Mächtigere und daher der „richtige Gott" gewesen ist. Dieses Verfahren war eine Variante des weitverbreiteten Gottesurteils durch einen Zweikampf.

Manche Sieger gingen jedoch mit den Besiegten „christlicher" um und haben sie nicht getötet – so wie z.B. der tibetisch-buddhistische Yogi Milarepa, nachdem er einen Bön-Schamanen oder einen heuchlerischen buddhistischen Priester im Zauberwettstreit besiegt hatte.

Der Rufmord als Vorbereitung auf den realen Mord ist eine allgemein beliebte Methode: Wenn man die Feinde als Monster darstellt, ist es leichter, gegen sie zu kämpfen und sie zu töten …

Also haben die Missionare die germanischen Priesterinnen als böse Frauen (Schadenszauber) dargestellt, als Verursacherinnen aller Krankheiten („Hexenschuß"), als Kinderfresser („Hänsel und Gretel"), als Giftmischerinnen („Schneewittchen"), als untreue Ehefrauen („Ritt zum Blocksberg" und „Buhlen mit dem Teufel") usw.

Im Rahmen dieser Schmutzkampagne wurde dann auch alles auf passende Weise umgedeutet: ein Besen wurde zu einem getarnten Seherinnenstab, der Fruchtbarkeitsgott Freyr mit seinem großen Penis wurde zum Teufel, die Fruchtbarkeitsfeste wurden zur Walpurgisnacht, das Hügelgrab, an dem die Seherinnen die Ahnen um Rat und Hilfe frugen, wurde zum Blocksberg, die Ritualfeuer wurden zu dem Feuer im Ofen, in dem die Hexen Kinder brieten, usw.

Man könnte das auch „religionspolitische Propaganda" nennen. Dabei übertrug man alle Eigenschaften, Fähigkeiten und Tätigkeiten, die man ablehnte (also den Teufel der eigenen Weltsicht), auf die Priesterschaft der Völker, die einen anderen Glauben als man selber hatte.

Dabei muß man allerdings zwischen den verschiedenen Religionen unterscheiden – nicht alle sind auf dieselbe Weise vorgegangen:

> Das Judentum hat nie in großem Ausmaß missioniert – auch wenn es im Alten Testament einige brutale Szenen beim Umgang mit Andersgläubigen gibt.

> Das Christentum hat intensiv missioniert und alles Nicht-Christliche verteufelt. Sie waren in dieser Hinsicht am extremsten.

> Der Islam hat das Judentum und dem Christentum als monotheistische Offenbarungsreligionen („Buchreligionen") als Vorläufer des Islams angesehen und ihnen daher eine gewisse Freiheit gewährt.

> Der Hindhuismus mit seiner Vielzahl von Gottheiten und Kulten ist weitestgehend tolerant und akzeptiert die Vielfalt der Meinungen und Wege.

> Der Buddhismus ist so gut wie immer friedliebend geblieben – lediglich die „Dämonen" in Gebieten, in denen die Buddhisten gepredigt haben, wurden unterworfen und dem Schutz des Buddhismus verpflichtet.

> Die übrigen Religionen, die alle nicht so ausgeprägt monotheistisch bzw. auf ein einzelnes Prinzip ausgerichtet waren wie der Buddhismus, haben nicht den Anspruch der Missionierung und der Weltherrschaft – sie sind oft im Gegenteil die Religion einer Sippe oder eines Volkes, die noch stark durch die Verbindung zu den Ahnen und zu den Göttern einer Landschaft geprägt sind.

Der Teufel als der „Gott der Nicht-Christen" ist, wie diese Definition schon sagt, vor allem ein christliches Phänomen.

Wie üblich wurden die Rituale der Hexen auf dem Blocksberg so abstoßend wie nur irgendwie möglich dargestellt – mit Kinderopfern, Küssen der Hexen auf den Anus des Teufels und ähnlichem mehr …

9. Traumreise zum Teufel

„Hallo Teufel – könnte man sagen, daß Du eine christliche Gestalt bist?"

„Unter dem Namen 'Teufel' bin ich sicherlich eine christliche Gestalt und ich spiele im Christentum auch die größte Rolle. Aber ich bin z.B. im Judentum und im Christentum als 'Satan' und im Islam als 'Schaitan' bekannt ... ich bin universeller als die drei großen monotheistischen Religionen und ihr 'Einer Gott' ...

Der Name 'Satan' ist hebräisch und bedeutet 'Gegner'. So bin ich also die Hauptgestalt in den monotheistischen Weltreligionen – alle glauben an mich, aber immer nur ein Teil an Jahve, Gott oder Allah ... wobei die meisten von ihnen nicht sehen, daß Jahve, Gott und Allah nur drei Namen für dasselbe Wesen sind – und für dasselbe Prinzip ... nämlich für das Ideal, den 'allmächtigen und allwissenden und gerechten König im Himmel'. Und ich bin das, was denen nicht paßt ..."

„Hm ... interessant, daß Du in den drei monotheistischen Religionen unter demselben Namen vorkommst ...

Es gibt ja noch ein paar andere Namen wie z.B. 'Ahriman' im Zend Avesta in Persien, wo Du der Gegenspieler des obersten Gottes Ahura Mazda bist – zumindestens in der Form, wie Zarathustra dies dargestellt hat. Vorher hieß dieser Gegenspieler 'Angra Mainyu', d.h. 'böser Geist', was ja letztlich von der Bedeutung her mit 'Satan', also 'Gegner', identisch ist. Du bist also einfach das, was von der herrschenden Meinung nicht gewollt wird.

Das ist so schlicht und offensichtlich, daß ich dazu jetzt nichts mehr zu fragen weiß ... möchtest Du dazu noch etwas sagen, Teufel?"

„Nein."

„Danke."

„Bitte."

„Ho!"

10. Christi Konkurrenten

Die heidnischen Priester sind für die christlichen Priester ein Problem gewesen – die „ungläubige Konkurrenz". Sie wurden zu Hexen und bösen Zauberern umgedeutet – zu den „Dienern des Teufels".

Genauso sind die heidnischen Götter ein Problem gewesen – die „heidnische Konkurrenz". Sie wurden zu dem Teufel selber zusammengefaßt.

Dann gab es da noch die „Leiter der Mysterien". Die meisten von ihnen waren dem Christentum nicht besonders gefährlich. Die „Mysterien der Christen" waren das Abendmahl – eine sehr schlichte Variante der Mysterien von Eleusis, von Samothrake, des Sol invictus, der Lehren des Buddha, der Lao-tse usw.

Es gab jedoch zwei Mysterien-Leiter, die für die Missionierung in Mittel- und Nordeuropa ein Problem dargestellt haben: Odin und Cernunnos. Beide sind ursprünglich Schamanen gewesen, die die Jenseitsreise angeleitet haben. Als um 600 v.Chr. von China bis Rom die Mysterien und Weisheitslehren entstanden sind, haben die Kelten und die Germanen die Aufgabe der Leitung ihrer eigenen Mysterien, die sie dem Vorbild der Mysterien im Mittelmeerraum nachgebildet haben, Cernunnos bzw. Odin übergeben.

Da diese beiden Schamanen dadurch die Funktion eines Urbildes erhielten, sind sie zu Göttern aufgestiegen – d.h. sie erhielten eine Position, die genau der von Christus im Christentum entsprach. Aus dem Menschen, der den Weg zeigt, wurde der Gott, dem man gleich werden wollte.

Dasselbe ist 2500 Jahre zuvor auch mit Osiris geschehen: Aus dem Urbild des im Jenseits wiedergeborenen Toten wurde der wiedergeborene Gott, mit dem sich alle identifizierten.

Somit waren Cernunnos und Odin in Bezug auf die christliche Missionierung besonders gefährliche Gestalten – sie waren Christus zu ähnlich. Beide waren wie Christus Jenseitsreisende, Mysterien-Leiter, Gott der Toten und Verkünder (Odin) bzw. Urbild (Odin und Cernunnos) einer Religion.

Daher wurden beide dem Teufel gleichgesetzt:

Cernunnos als ein Gott mit Hirschgeweih und einer Schlange in seiner Hand konnte recht einfach dem gehörnten Teufel und dem Schlangengestaltigen Teufel gleichgesetzt werden.

Allerdings gibt es auch Darstellungen, in denen sich Christus mit Cernunnos unterhält – das ist allerdings sehr selten. Im Psalter Eadwine, der um 1160 n.Chr. in Canterbury in Südostengland verfaßt worden ist, spricht Christus mit einem Cernunnos-Schamanen (Dämon?) mit Vogelfüßen über die (psychotropen?) Pflanzen oder Pilze in seinen Händen.

Odin wurde als Kriegsgott und Totengott zum Anführer des Totenheeres bzw. der „Wilden Jagd" umstilisiert, damit ihn alle zu fürchten begannen.

Es ist interessant, daß Odin hier vom Kriegsgott zum Jagdgott umgedeutet wurde – wollte man vermeiden, daß Odin durch das Bild eines regulären Heeres zuviel Macht erhielt?

Der keltische Hirschgott und auch der germanische Sonnenhirsch wurden, da sie sehr populär waren, zu „St. Hubertus mit dem Hirsch" umgedeutet – wobei dieser Hirsch die Sonne (wie bei den Germanen) und das Kreuz Christi in seinem Geweih trägt.

Ein ähnliches Verfahren wie bei dem Hirschgott wandte man auch bei der Muttergöttin an, die sich, da sie ein derart tief verwurzeltes Bild ist, nicht zu einem Dämon umdeuten ließ: Man ersetzte die Muttergöttinnen in den verschiedenen von den Christen missionierten Religionen einfach durch Maria. Die wichtigste Umdeutung war dabei die von Isis zu Maria, da Isis in den Jahrhunderten vor und nach Christi Geburt die wichtigste Göttin im Mittelmeerraum gewesen ist.

10. Traumreise zum Teufel

„Wie ist Dein Verhältnis zu Christus, Cernunnos und Odin, Teufel?"

„Eine kreative Frage, auch wenn Du sie aus einem etwas chaotischen inneren Zustand heraus gestellt hast ... Du hast erst geredet und dann gedacht. Du wolltest eigentlich nach dem Verhältnis zwischen Christus, Cernunnos und Odin fragen, nicht wahr?"

„Hm ... ja ... nach allem, was ich bisher im Bereich der Götter erlebt habe, gibt es dort keine Feindschaften ... ich habe einmal in einer Vision Christus und Krishna wie Brüder nebeneinander gesehen ... und auf einer Traumreise habe ich eine Versammlung der indogermanischen Schmiedegötter besucht ... und noch einiges ähnliches mehr ... und Christus, Cernunnos und Odin haben in ihren jeweiligen Religionen zudem sehr ähnliche Aufgaben.

Aber nun scheine ich ja durch mein übereiltes Reden eine kreative Frage gestellt zu haben ..."

„Ich habe nichts gegen Christus, Cernunnos und Odin – sie sind genauso real wie ich ... und ich genauso real wie sie. Wir existieren."

„Hm ... ist das Prinzip 'Feindschaft' zu menschlich gedacht?"

„Ich bin kein Wesen, das seine eigene Existenz verteidigen muß oder das für sein Wohlergehen Allmacht brauchen würde."

„Sind Christus, Cernunnos und Odin sowie Buddha, Lao-tse, Jaina, Zarathustra,

Pythagoras, Patanjali, Zalmoxis usw. alle letztlich Wesen, die einfach einen Weg zeigen, den man gehen kann?"

„Das klingt schon recht gut."

„Und Du verkörperst die Abweichung von diesem Weg?"

„Ja."

„Eigentlich ist daran ja nichts falsch ... zu sehen, wo der Weg verläuft, den man gehen will, und zugleich den Sumpf links und den Abgrund rechts von diesem Weg zu sehen, ist ja ausgesprochen hilfreich und sinnvoll. ... Beginnt das Problem, wenn wir glauben, daß nicht wir entscheiden, welchen Weg wir gehen, sondern wenn wir glauben, daß Du uns dazu gebracht hast, einen bestimmten Weg zu gehen?"

„Ja – das ist der Grundirrtum bezüglich meines Wesens: Ihr habt eure freie Entscheidung und ich zeige euch nur die Konsequenzen eurer Entscheidungen. Wenn ihr glaubt, daß ihr 'gut' seid und daß ich euch zum 'Bösen' verführen will, habt ihr eure Eigenständigkeit aufgegeben ... dann seht ihr nicht mehr, daß ihr es seid, die entscheidet und geht – dann habt ihr aufgegeben, euch selber treu zu sein und dann habt ihr eure Freiheit an mich verkauft ..."

„Das ist ja jetzt mal eine ganz andere Version des 'Verkaufens der eigenen Seele an den Teufel' als sonst ... so klingt das sehr viel logischer ...

Das bedeutet doch dann eigentlich, daß Du mit Christus zusammenarbeitest, oder nicht? Christus und die anderen Weisheitslehrer zeigen einen Weg und Du zeigst die möglichen Schlaglöcher auf diesem Weg ..."

„Ja ... und wer tut denn 'Böses'? Steh ich in der dunklen Gasse und raube einem alten Mann sein Geld oder bin ich es, der dort eine Frau vergewaltigt? Nein – das seid ihr selber! Und wenn ihr glaubt, daß ich euch dazu gebracht habe, dann habt ihr eure Freiheit aufgegeben. Ihr tragt verdrängte Begierden in euch und ihr geht die verschiedensten Wege und haltet die verschiedensten Dinge für richtig ... aber das ist in euch und das tut ihr – das hat mit mir nichts zu tun. Es ist völliger Quatsch, daß der Teufel das Böse in die Welt gebracht hat! Ich bin nichts anderes als das Bild von dem, was ihr nicht wollt – und ich habe das, was ihr nicht wollt, nicht erschaffen ... das ist alles schon da gewesen – vor allem in euch selber als eure eigene Grausamkeit oder eure Gier und eure Irrtümer, eurer Haß, euer Größenwahn, eure Sucht und was da sonst noch so alles ist ...

Ich bin euer Sündenbock, dem ihr die Schuld zuschiebt! Das ist echt bequem ... und es macht euch unselbständig, ihr glaubt euch in Abhängigkeit von mir, ihr schenkt mir eure Freiheit und lebt, als wenn ihr meine Sklaven wäret ... Dabei habt ihr mich selber erschaffen: als das Bild von dem, was ihr nicht wollt ... Und ihr habt euch nicht die Zeit genommen, wirklich genau hinzuschauen, was ihr eigentlich wollt, wer ihr wirklich seid. 'Tu was Du willst' – das ist es, das befreit euch ... und das ist mühsam, denn ihr müßt dafür zuerst euch selber erforschen, ihr braucht Mut, Dinge anderes zu machen als die anderen, dafür müßt ihr Eigenständigkeit und Aufrichtig-

keit und Verletzlichkeit und noch vieles andere entwickeln ... Wie einfach ist es da doch zu sagen, daß der Teufel an allem schuld ist ... Mit dieser Art von Bequemlichkeit werdet ihr niemals glücklich werden und das strahlend ausdrücken können, was ihr wirklich seid!"

... ...

„Das war jetzt eine der überzeugendsten Predigten, die ich jemals gehört habe – und der Teufel war der Redner auf der Kanzel ...

Du machst mir immer neue Dinge deutlich, lieber Teufel – wenn ich Dich mal so nennen darf ..."

„Liebe Deinen Schatten – dann wirst Du vollständig, wahr und frei werden."

„Uff ... ja ... da hast Du wohl recht ... ... Vielen Dank, Teufel, für all das, was Du mir da erzählst!"

„Gerne demnächst mehr davon."

„Ja, gerne ... ... Ho!"

11. Der Ankläger

Wenn man sich die alten Texte über den Teufel im Judentum, im Christentum und im Islam anschaut, findet man noch einen anderen Aspekt des Teufels: den Ankläger beim Jenseitsgericht.

Dieses Gericht war notwendig geworden, weil es im Diesseits offensichtlich nicht sonderlich gerecht zugeht – folglich mußte Gott entweder ungerecht sein oder eben nicht allmächtig … dies Dilemma ließ sich nur dadurch lösen, daß man behauptet hat, daß auf das Leben im Diesseits noch eine Abschluß-Gerichtsverhandlung im Jenseits folgte.

Die beiden für den Angeklagten unangenehmen Gestalten bei einer solchen Gerichtsverhandlung sind der Ankläger und der Henker.

Der Henker erscheint als erstes als das Monster Ammut in der Jenseitshalle des Osiris, in der das Herz des Toten gegen die Feder der Richtigkeits-Göttin Ma'at gewogen wird. Aus ihm wurde dann später der Teufel, der die Toten, die nicht rechtschaffen christlich gelebt hatten, in der Unterwelt foltert.

Die Rolle des Anklägers gab es im Alten Ägypten noch nicht. Die Rechtschaffenheit des Toten, d.h. seine Einhaltung der Ma'at in seinem Leben wurde lediglich durch den Schakalgott Anubis mithilfe der Feder/Herz-Waage überprüft und das Ergebnis dann durch den Ibisgott Thot aufgeschrieben. Zwar führte dabei Osiris offiziell den Vorsitz und auch Ma'at selber war anwesend, aber beide sind bei dieser Herz-Prüfung so gut wie vollständig passiv.

Da das Jenseitsgericht jedoch zunehmend den irdischen Gerichten angeglichen wurde, findet sich bei den Juden schon früh auch der Ankläger: Satan. Er ist ein Engel, dessen Name „Gegner, Feind", auch im juristischen Sinne von „Ankläger" bedeutet. In dieser Funktion erscheint er z.B. im Alten Testament im Buch Hiob. Selbst im 14. Jahrhundert war das Motiv des Engels Satan als Ankläger der Menschen beim Jenseitsgericht, d.h. beim Letzten Gericht, im Christentum noch sehr beliebt. In diesem Zusammenhang ist Satan nicht selber böse, sondern übt nur eine für die Menschen ausgesprochen unangenehme Funktion aus.

Schon im Buch Hiob weitete sich die Tätigkeit Satans als Ankläger zu der des aktiven Verführers aus: Er klagt nicht nur die an, die bereits gesündigt haben, sondern er testet ihre moralische Standfestigkeit dadurch, daß er sie entweder verführt oder indem er sie quält. Hier ist Satan zu einer Art „agent provocateur", zu einem Undercover-Agenten, zu einem Saboteur geworden – was, nebenbei bemerkt, alles Skorpion-Berufe sind …

Satan prüft auch Jesus' Standfestigkeit, in dem er ihm anbietet, daß er ihm alle Königreiche der Welt schenkt, wenn er, Christus, vor Satan niederkniet.

Auch im Islam hat Satan, der dort „Scheitan" genannt wird, diese Doppelfunktion von Ankläger und Verführer.

Sowohl im Judentum als auch im Islam ist Gott die einzige Realität und der Teufel sozusagen Gottes Angestellter mit besonderen Aufgabenbereichen. Im Christentum und in vielen persischen Religionen stehen Gott und der Teufel hingegen oft wie zwei Pole mehr oder weniger gleichberechtigt und gleich stark nebeneinander und führen einen endlosen Kampf gegeneinander. Dieser Dualismus ist eine andere Möglichkeit, das Unrecht in der Welt zu erklären – unter Verzicht auf das Dogma von Gottes Allmacht.

Dieser Dualismus entspricht der Sichtweise des Skorpions … und in diesem dualen Weltbild hat der Teufel auch die mit Abstand größte Macht … Hier ist er nicht nur das Ungewollte, der Ankläger, der Verführer und der Henker, sondern das Prinzip der Zerstörung.

In der jüdischen Tradition trägt Satan als Engel Flügel und kann folglich auch fliegen, aber er kann auch als Vogel (Seelenvogel), Hirsch oder Ziegenbock (Herdentier → Wiederzeugung) sowie als Frau oder als Mann erscheinen.

Hier findet sich wieder einmal die in der Mythologie so häufig auftretende Entwicklung von einem Element in einem unangenehmen Zusammenhang zu einer Ursache dieser Unannehmlichkeit: Der Ankläger wird zum Teufel, also zu dem Verursacher der Strafe – und somit zu dem Bösen …

Eine verständliche, aber schon absonderliche Verdrehung der Tatsachen – eben das Prinzip des Sündenbocks, den man ja bei den meisten Verdrängungen der Eigenverschuldung der eigenen Situation braucht, um diese Eigenverschuldung effektiv verdrängen zu können … … … womit man nebenbei auch die eigene Aufrichtigkeit, Eigenständigkeit und Freiheit aufgibt – weil man nicht mehr sieht, daß man selber die Ursache für das eigene Leben ist.

11. Traumreise zum Teufel

„Magst Du etwas zu Deiner Ankläger-Rolle sagen, Teufel?"

„Ich wecke euch auf. Ich trete euch vor's Schienbein, wenn ihr etwas tut, was nicht dorthin führt, wo ihr hinwollt. Ich bin nicht der Ankläger im Dienst eines herrschsüchtigen Gottes – ich bin der, der euch zeigt, daß ihr auf dem falschen Weg seid, daß ihr auf diesem Weg euer Ziel nicht erreichen werdet."

„Das Prinzip kenne ich aus 'Gespräche mit Gott'. In diesem Buch sagt Gott, daß er sich nicht in den freien Willen einmischt, aber daß er sagen kann, daß man nicht so schnell nach Mexiko kommen wird, wenn von den USA aus nach Norden fährt. Auch Gott bewertet das 'falsch' oder 'richtig' nur im Hinsicht auf den Weg, den man einschlägt, um zu seinem Ziel zu kommen. Bist Du daher sozusagen 'Gottes Korrektur-

anweisungen'?‘‘

„Das ist ziemlich mißverständlich formuliert, Harry – 'Korrekturanweisungen' klingt so, als ob da jemand eine Weisungsbefugnis hätte, als ob da jemand der Herrscher wäre ... aber ich zeige Dir nur, was nicht funktionieren wird. Es ist Unsinn zu schlafen, wenn Du hungrig bist ... und es ist Unsinn zu trinken, wenn Du eigentlich Sex haben willst.‘‘

„Ja, Du drückst es deutlicher aus. ... Dann ist Deine 'Ankläger-Rolle' bereits eine Verdrehung Deines Charakters innerhalb eines durch das Königtum geprägten Weltbildes?‘‘

„Das war nur das Bestreben, das Jenseits als Parallelwelt zum Diesseits darzustellen – mit den gleichen Gesetzen, Institutionen und Prozeduren wie im Diesseits. Aber der Ankläger ist immerhin nicht allzuweit vom Hinweisen auf Vorgehensweisen, die nicht funktionieren, entfernt.‘‘

„Und die 'Verführer-Rolle'?‘‘

„Ist Quatsch. Ich habe kein eigenes Anliegen an euch – ich will nicht, daß ihr dies tut und jenes nicht tut. Ihr entscheidet, wie ihr leben wollt – sowohl individuell als auch kollektiv. Damit habe ich nichts zu tun. Wenn ihr keinen Mord wollt, dann mordet nicht – so einfach ist das. Wenn ihr Morden völlig o.k. findet, dann tut's – ich habe da keine Vorlieben.‘‘

„Du gibst uns unsere Verantwortung über unser eigenes Leben zurück ...‘‘

„Ja. Ich bin nur das Bild in euch von dem, was ihr nicht wollt – offiziell ... denn insgeheim wollen viele von euch vieles, was ihr nach außen hin nicht zugebt. Daher bin ich auch das Bild von dem, was ihr wollt, aber was ihr entweder vor euch selber oder vor anderen nicht zugebt. Das ist der gefährlichste Teil: der verdrängte Anteil eures Willens, die unmoralischen Schattengestalten in eurer Psyche, die dann ab und zu hervorbrechen und in den meisten Fällen euch selber und anderen Leid zufügen, weil ihr bei diesen Ausbrüchen nicht mehr der souveräne Kapitän eures eigenen Schiffes seid, sondern nur noch von den Wogen eurer verdrängten und nun hervorgebrochenen Gefühle hin- und hergeworfen werden.‘‘

„Eigentlich bist Du ein Helfer bei unserer eigenen Heilung ... wenn wir Dich anschauen und mit Dir sprechen, können wir sehen, was wir in uns selber verdrängt haben – so Du mir Barbarossa gezeigt hast, meinen verdrängten Mars.

... ...

Danke, Teufel ... das fühlt sich an, als ob wir zunehmend Freunde werden würden – soweit man das von einem Wesen wie Dir sagen kann ...‘‘

„Von einem Wesen wie mir?‘‘

„Nun ja, Du bist ja eigentlich ein Gott ... und können ein Mensch und ein Gott Freunde sein?‘‘

„Es ist anders als eine Freundschaft zwischen zwei Menschen, aber warum sollte das nicht möglich sein? Es bereichert uns beide und wir haben beide Freude an unserer Begegnung und wir treffen uns gern ... Warum sollte man das dann nicht als Freundschaft bezeichnen?"

„Hm ... Du überraschst mich schon wieder ... ein Gott hat doch keine Psyche ... wie kann er dann Vorlieben haben und sich freuen und etwas genießen?"

„Ein Gott hat natürlich keine menschliche Psyche – und ich folglich auch nicht, aber ein Gott hat einen Charakter und folglich Dinge, die zu ihm passen, und Dinge, die nicht zu ihm passen ... Der 'Ton' einer Gottheit und der 'Ton' eines Menschen bilden, wenn sie zusammen erklingen einen bestimmten Intervall, der einen bestimmten Klang, eine bestimmte Farbe hat ... warum sollten das nicht beide erleben und genießen können?"

„Du machst mir ständig neue Dinge bewußt, die ich bisher nicht hinterfragt, bedacht oder erkannt habe ... Das, was Du da sagst, paßt zu dem, was ich bisher mit Gottheiten erlebt habe – sie haben durchaus 'persönliche Reaktionen', wenn ich das mal so sagen darf ... Ich habe bislang noch keine Freude oder Freundschaft bei ihnen wahrgenommen, aber auf jeden Fall Anteilnahme, markante Reaktionen, Selbsttreue und noch einiges anderes ... Ja, ich denke, daß Du recht hast mit dem, was Du da gesagt hast ... Dann laß und Freunde sein!"

„Gerne! Es wird Dir gut tun!"

„Und Dir?"

„Ich genieße dieses Gespräche mit Dir."

„Warum eigentlich?"

„Ich erlebe mich in ihnen."

„Oh ..."

„Wundert Dich das?"

„Wenn ich so darüber nachdenke, ist das schon völlig schlüssig, aber das ist etwas, worüber ich mir noch nie Gedanken gemacht habe ...
Vielen Dank, Freund Teufel!"

„Bitte, gerne, Freund Harry!"

„Meine Güte – ich habe nicht geahnt, wohin mich das Schreiben dieses Buches führen wird! ... ... Aber das ist gut – sehr gut sogar! ... ... Ho!"

12.   Der Name des Teufels

Der älteste Name des Teufels ist „Satan", also „Gegner, Feind, Ankläger".

„Samael" scheint eine Variante oder der Vorläufer des Namens „Satan" zu sein.

„Iblis" ist vor allem ein Teufelsname im Islam. Dieser Teufel scheint ebenfalls mit Satan identisch zu sein.

Der Name „Teufel" leitet sich wahrscheinlich von dem lateinischen „diabolus" ab, das von dem griechischen „diabolos" abstammt und „Verleumder, Widersacher" bedeutet und somit vermutlich einfach eine Ünersetzung des Namens „Satan" („Gegner, Ankläger") ist. Wenn man die drei Stamm-Konsonanten auf die in der germanischen Sprachentwicklung üblichen Weise verändert, also „d→t", „b→f" und „l bleibt l", dann wird „diabolus" zu „tiafolus", was mit abgeschliffenen Vokalen dann zu „teufelus" und mit Wegfall der Endung zu „Teufel" wird.

Es wäre denkbar, daß es auch eine Verwandtschaft mit dem deutschen „übel" bzw. dem englischen „evil" gibt, deren Ursprung nicht geklärt ist. Der Teufel (englisch: „devil") könnte auch „Der Üble" und „the evil" sein – dann wären das Adjektiv „übel" bzw. „evil" aus der fälschlichen Interpretation des Namens „Teufel" als „to evil", also als „der Böse" abgeleitet worden.

Der Name „Luzifer" bedeutet „Lichtbringer", womit die Venus als „Morgenstern" gemeint ist. Möglicherweise ist dieser Name durch das Mißverständnis einer Bibelstelle entstanden, in der der König von Babylon dem Morgenstern verglichen wurde, der untergeht, wenn die Sonne kommt – was sich als „der Teufel geht, wenn Christus kommt" deuten ließ.

„Phosphoros" bedeutet „Lichtträger" und ist vermutlich eine Variante des Namens „Luzifer".

„Belial" ist vermutlich eine Variante des mesopotamischen „Ba'al" für „Herr, Gott, König, Sonne", mit dem u.a. auch der Name „Beli" des germanischen Sonnenriesen und der Name „Bel" bzw. „Belenus" des keltischen Sonnengottes verwandt sind. „Belial" ist daher recht wahrscheinlich die Umdeutung eines alten Sonnengott-Namens zu einem Teufels-Namen.

„Beelzebub" wird in der Regel (als Verspottung des Namens eines heidnischen Gottes) mit „Herr der Fliegen" oder „Herr des Kots" übersetzt, aber er bedeutet eigentlich „Erhabener Herr" („Ba'al Zebu"). Er ist ursprünglich ein Stadtgott der Philister gewesen. Er wurde im Mittelalter als der zweithöchste Teufel nach Satan angesehen.

„Asasel", der auch Azazil genannt wird, soll ähnlich dem griechischen Prometheus den Menschen das Herstellen von Waffen gelehrt haben. Sein Name bezeichnete die Einöde, an der die Juden einen Ziegenbock geopfert haben, auf den die Sünden aller Juden übertragen worden sind – also den „Opferplatz des Sündenbocks".

„Asmodäus" ist ein Teufel, der verbotenen Sexualität. Er ist eine Variante des Aeshma, des persischen Dämons der Wut, der Habgier und der Wollust.

„Baphomet" ist von den Templern und einigen anderen verehrt worden. Er wird meistens als ein im Schneidersitz sitzender Mann mit Bockskopf und weiblichen Brüsten dargestellt. Es gibt viele Erklärungen seines Namens, von denen jedoch keine einigermaßen sicher die Zutreffende ist – entsprechend unsicher ist auch die Deutung seines Wesens. Er scheint auf jeden Fall etwas mit Einweihungen zu tun zu haben.

Diese Namen stimmen alle mit den bisherigen Betrachtungen zum Wesen des Teufels überein.

12. Traumreise zum Teufel

„Möchtest Du etwas zu diesen Namen sagen, Teufel?"
„Nein ... langweilig ..."
„Ehm ... ja, gut ... Danke ... ... Ho!"

13. Gott Vater und die Väter

Die christlichen Priester hatten bei der Missionierung in Nord- und Mitteleuropa ein großes Problem: Die Menschen vertrauten der Hilfe und dem Rat ihrer Ahnen in den Hügelgräbern. Wie sollte man nun den damligen Menschen klarmachen, daß ihre eigenen toten Väter falsch und böse waren und daß sie sich an den einen Gott Vater im Himmel und nicht an ihre realen Väter wenden mußten, um Rat und Hilfe zu erreichen? Dieses Problem war wirklich nicht einfach zu lösen …

Aber es fanden sich doch Mittel und Wege, um die Verteufelung der Ahnengeister zu erreichen:

Ein zentraler Punkt war natürlich die Angst vor dem Tod, die man auf die Totengeister übertragen konnte. Das ist den Missionaren gut gelungen – noch heute gehen viele Menschen nicht besonders gerne nachts auf einen Friedhof …

Weiterhin wurden auch schon von den Germanen die Beschwörungen der Totengeister in der Spätzeit der germanischen Religion manchmal, wenn auch nur selten, als etwas Gruseliges dargestellt – wobei sich nicht sagen läßt, ob dieses Gruselige nicht bereits aus dem Christentum übernommen worden ist.

Die Ahnen in Herdentier/Mensch-Mischgestalt wurden zu Tierdämonen umgedeutet, woraus dann der Teufel entstanden ist.

Dann gab es bereits Schreckensbilder der Jenseitsgöttin Hel, die man zu „des Teufels Großmutter" umdeuten konnte.

Aus dem Hel-Hund, der die Toten bewachte, konnte man leicht einen höllischen Hund machen, der die Toten bedrohte – schließlich ist je bereits der griechische Cerberus zu einer Angstgestalt geworden.

Das Hervorrufen der Toten aus ihren Hügelgräbern, also die Nekromantie, wurde nach und nach mit immer schaurigeren Assoziation versehen, sodaß die Totenbeschwörung schließlich im Abendland zu dem Schauerlichsten überhaupt wurde, was man tun konnte – obwohl die Angst vor dem Geist eines Toten, der einem während seines Lebens wohlgesonnen gewesen ist, eigentlich ja völlig absurd ist.

In der Jungsteinzeit hat man in Mesopotamien sogar die Schädel der Toten in Nischen in der Wand des Wohnhauses gestellt, damit man über diese Totenschädel jederzeit mit den betreffenden Totengeistern Kontakt aufnehmen konnte.

Dem germanischen Sonnengott-Göttervater Tyr wurden an Kreuzwegen Füße und Hände aus Ton als Gaben dargebracht, da Tyr bei seinem abendlichen Tod Hände, Füße und Haupt abgeschlagen wurden – das Opfer sollte also bewirken, daß Tyr, d.h. die Sonne am Morgen zurückkehrt. Möglicherweise wurden Kreuzwege für dieses Ofer gewählt, da der Kreis mit einem gleicharmigen Kreuz in ihm das Sonnensymbol gewesen ist

Aus dieser Tradition stammt vermutlich der mittelalterliche Brauch ab, Tote sowie Dämonen und den Teufel an nächtlichen Kreuzwegen zu beschwören.

Glücklicherweise ließ sich das Vertrauen in die Geister der Toten jedoch nicht vollständig ausrotten, wie u.a. der Spiritismus und die heutigen Familienaufstellungen zeigen.

13. Traumreise zum Teufel

„Hallo Teufel ... hm, sag mal – hast Du vielleicht noch einen anderen passenderen Namen als 'Teufel'? Die Vorstellung, daß Du 'böse' bist, ist ja doch sehr ausgeprägt."

„Bleib bei 'Teufel', da weiß jeder, was gemeint ist, auch wenn nicht jeder begreift, wer der Teufel eigentlich ist."

„Ja ... o.k. ... das ist'n Argument ... ... dann habe ich noch eine Frage: Buddha beschreibt die grenzenlose Gelassenheit als eines der vier Merkmale eines Erleuchteten, d.h. daß ein vollkommen heiler Mensch alle Ereignisse so annehmen kann, wie sie sind. Wenn ich alles annehme wie es ist, habe ich jedoch auch keine Vorlieben mehr, d.h. es gibt auch keinen persönlichen Teufel mehr ... aber ich will eben auch nichts mehr – wo bleiben dann der Selbstausdruck und die Selbsttreue?"

„Du schaust nicht richtig hin. Alles so anzunehmen, wie es ist und nicht die Augen davor zu verschließen, bedeutet, die ganze Welt sehen zu können – und unter anderem bedeutet das auch, daß man über eine vollkommene Telepathie verfügt. Alles zu sehen und zu akzeptieren, daß es im Jetzt und Hier so ist, wie es ist, bedeutet aber nicht, daß Du nicht auch ein Ziel für Deine Zukunft hast – auch Buddha hatte ein Ziel: Erleuchtung für alle! Das ist das Wesen eines Boddhisatvas.

Und natürlich hat auch Buddha einen persönlichen Teufel: Er will das Leiden auf der Welt beenden – sein persönlicher Teufel hat also die Gestalt des kollektiven Leidens. Das zeigt sich in seinen Schriften ja sehr deutlich: Das Leid ist das, wogegen Buddha mit aller Kraft kämpft."

„Hm ... Du hast wie alle Gottheiten und auch die Seelen diese erstaunliche Gabe, schlicht, klar und markant zu argumentieren ... das ist immer wieder beeindruckend ..."

„Als Gottheit ist man in dem Bereich, den Du gerne 'Da'ath' nennst – dort in diesem abgrenzungslosen Bereich der Götter man sieht alles ... das macht das Argumentieren einfach."

„Ja, das ist wohl wahr ... ... Gibt es zu 'Buddha und der Teufel' noch mehr zu sagen?"

„Nein – falls Du keine langatmige religionsgeschichtliche Abhandlung hören willst ..."

„Kannst Du das auch?"

„Das wäre dann meine Biographie aus eurer Sicht ..."

„Ja, gut ... das sehe ich ein ... ... aber nein danke ... das wäre, glaube ich, nicht wirklich nahrhaft für mich ...

Dann vielen Dank, Teufel!"

„Bittschön!"

„Ho!"

14. Der lüsterne Gott

Das Motiv der Wiederzeugung hat den Tod und den Sex miteinander verknüpft – die beiden emotionsgeladensten Themen des Menschen und daher auch die beiden Grundthemen der Skorpione.

Daher ist es kein Wunder, daß auch die Wiederzeugung ein emotional stark aufgeladenes Thema gewesen ist. Das hat dazu geführt, daß die Herdentier/Mensch-Mischwesen eine wichtige Rolle in der Mythologie gespielt haben: Faune, Silene, der Minotaurus, der Hirschmann, Freyr usw.

Es konnte natürlich nicht ausbleiben, daß diese Gestalten auch mit dem irdischen Sex assoziiert wurden. Ursprünglich ist Pan der Tote im Jenseits gewesen, der sich mit der Jenseitsgöttin in Ziegengestalt wiedergezeugt hat. Später wurde daraus der lüsterne Pan, den den Nymphen nachstellt und sich mit ihnen vergnügt.

Für das körperfeindliche Christentum war der wilde, lüsterne Pan natürlich eine Schreckensgestalt – er verkörperte das Verhalten, das nicht sein durfte. Folglich wurde Pan zu einem Teil des Teufels – wodurch der Teufel hin und wieder auch zu einer lüsternen Gestalt geworden ist.

In der Jungendstilzeit, also um 1900 herum, wurde Pan ein beliebtes Motiv, das u.a. die Auflösung der sexuellen Blockaden, neue, freiere und wildere Formen der Musik und des Tanzes usw. verkörpert hat.

Später wurde Pan dann im Wicca (Hexenkult) neben der Göttin Isis der wichtigste Gott.

Die Wiederzeugung hat auch dazu geführt, daß in den Vorbereitungen zu den Mysterien von Eleusis anzügliche Witze erzählt wurden. Das findet sich auch in den ihnen zugrundeliegenden Mythen der Demeter wieder, in denen die Magd Baubo die Göttin Demeter durch erotische Witze und Handlungen zum Lachen bringt. Dieses Motiv findet sich auch in anderen Mysterien, da es bei ihnen um eine Wiedergeburt im Diesseits, also um eine Erkenntnis der eigenen Seele im Diesseits ging.

Die Wiederzeugung ist im Yoga zum Tantra-Yoga weiterentwickelt worden, das die Vereinigung des inneren Mannes mit der inneren Frau zum Ziel hat, wodurch ebenfalls die eigene Seele gefunden werden kann, da der innerer Mann und die innere Frau die beiden polaren Spiegelbilder der Seele sind.

Eine weitere Entwicklung ist die rituelle Darstellung dieser Vereinigung. Zum einen gab es sie als besonderes Fest, bei dem sich der babylonische König in dem Tempel auf der Spitze der Stufenpyramide mit der Hohepriesterin vereinte, um dem Land Fruchtbarkeit zu verleihen, und zum anderen gab es dieses Vereinigungs-Ritual im gesamten östlichen Mittelmeer-Bereich auch als Ritual für jedermann in den Tempeln. Dieses Ritual wird oft ziemlich irreführend mit dem Begriff „Tempelprostitution" umschrieben, was die religiöse Grundlage dieses Rituals völlig außer acht läßt.

Diese variantenreiche sexuelle Symbolik war der christlichen Kirche natürlich ein

Dorn im Auge, sodaß man zusah, daß man diese gesamte Symbolik dem Teufel zuge-schrieben hat – was seinerseits vermutlich wiederum zu der Sexualitätsfeindlichkeit der Kirche beigetragen hat.

Im Mittelalter waren die Buhlteufel, die den Menschen sexuelles Verlangen, sexu-elle Phantasien und erotische Träume bereiteten, eine der wichtigsten Formen des Teufels – wer die Sexualität zur Vordertür seiner Psyche hinauswirft, den wird sie in Teufelsgestalt durch die Hintertür wieder besuchen kommen …

Man unterschied zwischen dem Succubus, der unten lag – also die Frau – und dem Incubus, der oben lag – also dem Mann.

Dieses Teufelsbild begann sich im Abendland erst zaghaft mit dem Jugendstil und schließlich recht gründlich in der Hippiezeit aufzulösen.

14. Traumreise zum Teufel

„Möchtest Du dazu etwas sagen, Teufel?“

„Gibt es bei euch nicht die Redewendung 'Alles, was Spaß macht, ist dickmachend, unmoralisch oder illegal'? Das ist die Dynamik: Das, was ihr verdrängt, wird zu dem, wonach ihr euch am meisten sehnt. Ihr sehnt euch nach nichts mehr, als das ihr euren persönlichen Teufel leben könnt. Das, was ihr verdrängt, ist das, was euch fehlt. Und ihr habt jahrhundertelang eure Sexualität verdrängt, sodaß sie das ist, was euch am meisten fehlt. Das haben die Hippies zum Glück wieder weitgehend zurechtgerückt – sie haben diesen Teil von mir wieder kollektiv integriert, sodaß heute die meisten Menschen einigermaßen locker über Sexualität reden können und die meisten auch das tun, was sie gerne tun würden.

Somit ist der Buhlteufel Schnee von gestern – zumindestens zu großen Teilen.“

„Hm ... ab und zu machen wir auch mal was richtig, nicht wahr?“

„Nun sei mal nicht so bescheiden! Ihr habt schon ganz schön viel auf die Beine ge-stellt, auch wenn es natürlich noch reichlich Probleme gibt. Aber da beginnt ihr ja auch allmählich einzusehen, das ihr was tun müßt.“

„Ja ... und es ist ja gerade auch der Übergang von einer endenden Epoche zu einer neuen Epoche, was ja immer ziemlich anstrengend ist ... und der Materialismus entspricht der Pubertät des einzelnen Menschen und die nun beginnende Globali-sierung der Gründung einer Familie im Leben eines einzelnen Menschen ... Und jeder, der mal eine Familie gegründet hat, weiß, welch eine Umstellung das ist und daß man sich erst einmal zusammenraufen muß.

Ja, gut ... ich werde mal nicht so bescheiden sein ... auch wenn ich dazu neige ...“

„Jaja ... das ist Dein Teil Deines persönlichen Teufels ...“

„O.k. ... Danke, Teufel!“

„Bitte.“
„Ho!“

15. Der Rebell

Die recht neue, aber weithin bekannte Geschichte vom Aufstand Lucifers gegen Gott Vater ist die Grundlage für die Auffassung des Teufels als Rebell, der sich gegen die bestehende Ordnung auflehnt.

Dieses Motiv ist auch von J.R.R. Tolkien am Anfang seines „Silmarillion" verwendet worden, in dem beschrieben wird, wie Ilúvatar („Allvater") die Welt durch Musik erschafft, aber Melkor eine eigene Musik erschaffen will und dadurch Dissonanzen in die Musik Ilúvatars bringt. Nach und nach entwickelt sich Melkor dann zu einer Art Teufel, dessen Diener Sauron ist, der im „Herrn der Ringe" die finstere Gestalt ist, die Mittelerde versklaven will.

Lucifer ist dadurch zu einem Vorbild für alle geworden, die sich durch die göttliche Ordnung, die Regierungen der Staaten oder durch die Naturgesetze eingeschränkt fühlen und diese Schranken durchbrechen wollen. Am deutlichsten ist diese rebellische (und skorpionische) Grundhaltung von den Gnostikern zu einem vollständigen Weltbild und zu einer Lebenshaltung ausgebaut worden.

Auch der Satanismus lebt zu einem großen Teil von dieser Auflehnung gegen die bestehende Ordnung – insbesondere natürlich gegen die christlichen Kirche. Da sich der Satanismus weitgehend darauf beschränkt, das Gegenteil dessen zu tun, was das Christentum vorschreibt, bewegen sich die Satanisten nicht allzuweit vom Christentum fort, sondern sind vor allem eine Identifizierung mit dem Schatten des Christentums, d.h. eine Identifizierung mit dem Teufel: „Sympathy for the Devil".

15. Traumreise zum Teufel

„Ist das mit der Rebellen-Rolle ein zentrales Element bei Dir, Teufel?"

„Nein ... es war im Mittelalter eine Erklärung dafür, daß es mich überhaupt gibt: ein gefallener Engel. Und es war auch eine unmißverständliche Warnung, sich nicht gegen die weltliche oder geistliche Obrigkeit aufzulehnen. Und in neuerer Zeit haben sich die Satanisten und einige andere mit mir identifiziert, weil sie in mir den Rebell gegen das bestehende System sehen. Aber das Urbild des Rebellen bin ich nicht geworden – schau Dir 'Star Wars' an: Dort werden die 'Guten' als Rebellen gegen das 'Böse' angesehen, aber der Teufel bleibt auch dort immer 'die anderen', also aus Sicht der Yedi die Sith. Die 'Sympathie für den Teufel' ist vor allem ein gutes Mittel, um andere zu schockieren ..."

„Hm ... das war's vermutlich zu diesem Thema, oder?"

„Ja."

„Danke. ... ... Ho!"

16. Der kollektive Schatten

Man kann den Teufel als das Bild des kollektiven Schattens auffassen. Da stellt sich natürlich die Frage, was das kollektive Unterbewußtsein ist, in dem sich dieser kollektive Schatten als ein wichtiges Bild befindet. Und daraus ergibt sich die Frage, was das Bewußtsein eigentlich ist.

Das Bewußtsein ist meiner Meinung nach die Innenseite der Welt und die Materie die Außenseite der Welt. Es gibt nur die eine Welt, aber sie hat zwei Aspekte.

Eine ausführliche Darstellung dazu findet sich in meinem Buch „Die Synthese von Physik und Magie".

Das Bewußtsein selber kann verschiedene Bereiche umfassen, d.h. verschiedene Inhalte haben – davon hängt es auch ab, welche Art von Bewußtsein es ist. Es scheint sechs Arten von Bewußtsein zu geben:

Das bekannteste Bewußtsein ist das Wachbewußtsein (das gerade diese Zeilen liest). In ihm befinden sich die Informationen, die in der augenblicklichen Situation gerade gebraucht werden, um sinnvolle Entscheidungen treffen zu können. Das sind „einige Bewußtseinsinhalte".

Das Wachbewußtsein ist wie ein Schreibtisch in einem Büro, auf dem die gerade benötigten Informationen liegen.

Das Bewußtsein mit den wenigsten Inhalten ist die Ekstase. Sie ist die vollständige Konzentration auf einen einzigen Inhalt – sie ist Einsgerichtetheit. Dazu ist eine große Motivation notwendig, bei der es sich um Angst, Schmerz, Lust, meditative Konzentration und noch um einige wenige andere Dinge handeln kann.

Das Ekstase-Bewußtsein kann man als die Lampe auf dem Schreibtisch in dem Büro des Wachbewußtseins auffassen, das einen einzigen Gegenstand hell beleuchtet.

Das Unterbewußtsein enthält alle Wahrnehmungen und Erinnerungen. Sie sind assoziativ geordnet, d.h. Ähnliches sowie gleichzeitig Erlebtes steht nebeneinander und bildet Symbole, Komplexe und die persönlich Mythologie. Das Unterbewußtsein nimmt man in Träumen, auf Traumreisen und bei Ahnungen wahr. Das Wachbewußtsein kann sich an die Dinge im Archiv erinnern oder sie sich auf Traumreisen ansehen – der Büroangestellte sendet einen Boten ins Archiv (Erinnerung) oder geht selber ins Archiv (Traumreise), um sich eine bestimmte Information zu beschaffen.

Das Unterbewußtsein kann man als das persönliche Archiv auffassen.

Das Tiefschlaf-Bewußtsein erreicht man, wenn man alle Bewußtseinsinhalte losläßt und in die Stille geht. Allerdings gibt es in diesem Bewußtsein durchaus Inhalte, doch sie liegen tiefer verborgen: Da dies das Bewußtsein der Seele ist, finden sich hier die Informationen über frühere Leben und über die Absicht der Seele für ihre derzeitige Inkarnation.

Man kann das Tiefschlaf-Bewußtsein als das Haus ansehen, in dem sich das Büro und das Archiv befinden.

Das nächste Bewußtsein, dessen Inhalte einen noch größeren Bereich umfassen, ist das kollektive Unterbewußtsein. Man kann es in der Meditation oder auf Traumreisen erreichen und erleben. In ihm sind alle Informationen über die Welt zugänglich und dort findet man die Gottheiten, die Pflanzengeister, die Geister in den homöopathischen Kügelchen und ähnliche „kollektive Wesen".

Man kann das kollektive Unterbewußtsein als die Stadt auffassen, in der die Häuser der verschiedenen Menschen stehen. Diese Häuser sind jedoch nicht isoliert, sondern durch Wege, Telefonleitungen u.ä. miteinander verbunden. Diese Verknüpfungen sind die Telepathie und die Telekinese. Es gibt dort auch allgemeine Rhythmen, die man z.B. durch die Astrologie erfassen und auch vorhersagen kann.

Schließlich gibt es noch das eine, alles umfassende Bewußtsein, das man ganz schlicht „Gott" nennen könnte. In ihm sind die gesamten Inhalte des Bewußtseins nicht als Einzelinformationen wie im kollektiven Unterbewußtsein, sondern als Einheit enthalten.

Dieses Bewußtsein kann man bildhaft als das Land, in dem die Stadt steht, auffassen.

Der Teufel ist eubn kollektives Bild und befindet sich somit im kollektiven Unterbewußtsein – schließlich ist er ja eine Gottheit, auch wenn er nur selten als solche bezeichnet wird.

Die Bilder im persönlichen Unterbewußtsein haben Verbindungen zu den Urbildern im kollektiven Unterbewußtsein und die Urbilder im kollektiven Unterbewußtsein wirken auf die Bilder im persönlichen Unterbewußtsein. Diese Verbindung besteht aus Telepathie – das kollektive Unterbewußtsein ist also nicht nur ein bestimmter Bereich des Gehirns, in der bestimmte Verhaltensmuster in der DNS gespeichert sind.

Diese Beschreibung gibt natürlich nur dann Sinn, wenn man bereits des öfteren Telepathie erlebt hat und davon ausgeht, daß sie nicht nur manchmal, sondern ständig geschieht.

Im kollektiven Unterbewußtsein ist alles gespeichert, was jemals gedacht, gefühlt, meditiert und erlebt worden ist. Zudem hat das kollektive Unterbewußtsein die Telepathie als „Auge" und entsprechend die Telekinese als „Hand". Schließlich ist der Teufel ein Bild in diesem kollektiven Unterbewußtsein.

Was bedeutet das alles für das Wesen des Teufels?

Zunächst einmal bedeutet es, daß der Teufel aus einer sehr großen Zahl von verschiedenartigen Bildern besteht. Es ist anzunehmen, daß diese Bilder entsprechend seiner Entwicklung seit seinen ersten Anfängen in den Jungsteinzeit geordnet sind – die „Biographie des Teufels".

Dann bedeutet das, daß sich der Teufel durch neue Bilder in den Menschen weiterentwickeln kann – so ist z.B. die Verdrängung und „Verteufelung" der Sexualität inzwischen zum größten Teil wieder aufgelöst worden. Es können natürlich auch neue Bilder hinzukommen wie z.B. die Angst vor der Vernichtung der gesamten Menschheit durch die Menschen selber – durch einen Atomkrieg, die Klimaerwärmung, die Zerstörung der Umwelt usw.

Schließlich kann man auch noch davon ausgehen, daß der Teufel wie alle Gottheiten Telepathie und Telekinese und etwas unauffälliger auch die „Lenkung des Zufalls" als Ausdrucksmittel zu seiner Verfügung hat. Dabei stellt sich natürlich die Frage, welche Motivationen der Teufel hat und was er tun will – und ob er eigentlich überhaupt etwas tun will.

Generell scheinen die Götter in das Leben der Menschen nur einzugreifen, wenn man sie darum bittet – im Gebet, im Gespräch, auf einer Traumreise, in einer Invokation oder bei einer Evokation usw. Das sollte dann eigentlich auch für den Teufel gelten. Natürlich gibt es auch die „unbewußte Bitte": Die Angst vor etwas ruft das, wovor man Angst hat, herbei.

Es gibt noch einen weiteren Punkt: Alle Gottheiten scheinen sich gegenseitig zu kennen und so etwas wie „Freunde" zu sein – zumindestens sind sie einander wohlgesonnen. Ich habe das bisher auf jeder Traumreise und in jedem Ritual so erlebt und ich habe auch noch von niemandem gehört oder gelesen, daß er im Bereich der Gottheiten etwas anderes erlebt hätte. Das sollte daher auch für den Teufel gelten. Das ergibt sich auch schon daraus, daß der Bereich der Gottheiten der „abgrenzungslose Bereich" ist – weshalb dort auch Telepathie und Telekinese normal sind.

Was ergibt sich nun aus diesen Überlegungen für das Wesen des Teufels? Es scheint mir am einfachsten zu sein, dazu den Teufel selber zu fragen.

16. Traumreise zum Teufel

„Was hältst Du von meinen Überlegungen zu Dir als 'Urbild im kollektiven Unterbewußtsein'?"

„Klingt ein bißchen holperig formuliert ... was hältst Du davon, daß ich ein 'Wesen mit einem Körper aus Lebenskraft' bin?"

„Klingt gut ... Lebenskraft ist meiner Meinung nach einfach die Grenze zwischen Bewußtsein und Materie ... also bist Du ein Urbild, ein kollektiver Bewußtseinsinhalt – und folglich ein Lebenskraft-Wesen ... Hm – das bringt mich gerade noch nicht allzuviel weiter ... Magst Du noch etwas zu meinen Gedanken zu Dir in dem letzten Kapitel sagen?"

„Was willst Du denn wissen?"

„Bist Du ein Freund der anderen Götter?"

„Ja – wobei 'Freund' ein sehr menschlicher Begriff ist ... Wir sind qualitativ klar unterscheidbare Teile in einem Kontinuum – sozusagen endlose verschiedenfarbige Fäden in dem Wandteppich der Welt. Keiner dieser Fäden kann fehlen – dann wäre die Welt unvollständig."

„Aber diese Fäden können in dem Bild des Wandteppichs verschieden Muster und Motive bilden?"

„Ja."

„Und an deren Entstehung wirken wir durch unsere Gedanken, unsere Gefühle, unseren Willen uns unsere Taten mit?"

„Ja – vor allem durch eure Taten."

„Hast Du die Fähigkeit der Telepathie und der Telekinese und der Zufallslenkung?"

„Ja – wir sprechen ja gerade miteinander."

„Hm – dabei kann ich die Telepathie nicht direkt wahrnehmen ... ich höre einfach Deine Stimme im meinem Kopf und schreibe das dann auf."

„Du hast genug erlebt, um zu wissen, daß es Telepathie gibt – und hier ist nicht der Ort, um all die Experimente anzuführen, mit denen man Telepathie nachweisen kann."

„Hm ... stimmt wohl ... ich will das immer alles möglichst vollständig machen ... ja, gut ... ... Hast Du eine Biographie? Ich meine, ist Deine Geschichte im kollektiven Unterbewußtsein wie die Erinnerung an die eigene Biographie in einem Menschen geordnet? Ist das Vergleichbar?"

„Das kann man so vergleichen – das ist schon o.k."

„Aber es gibt Unterschiede?"

„Ja."

„Und die sind hier nicht wichtig und gehören in ein anderes Buch mit einem anderen Thema?"

„So ist es."

„O.k. ... wie sieht es mit dem Eingreifen aus? Handelst Du aus eigenen Impulsen heraus?"

„Gleiches zieht Gleiches an. Wenn jemand an mich denkt, komme ich auch. Und ich komme so, wie der Betreffende an mich gedacht hat. Das ist das allgemeine Prinzip der Magie: 'Gleiches zieht Gleiches an', 'Gleiches wirkt auf Gleiches', 'Gleich und Gleich fügt sich zusammen', Gleiches wird mit Gleichem geheilt', 'Gleiches entwickelt sich gleich' usw. Du könntest auch sagen, daß ich in allem bin, was mir gleicht ...

Aber ich bin nicht die Ursache dafür, wenn jemand 'teuflisch' handelt – die Ursache dafür liegt in dem Betreffenden, in seiner Psyche, in seiner Biographie, in seiner Weltsicht, in seinen Absichten usw.

Ich bin ein Urbild, d.h. ich habe keinen Körper und folglich gibt es in mir auch keine 'individuellen Impulse' durch die ich mich an einem konkreten Punkt in der Welt manifestiere und ausdrücke. Stattdessen bin ich eine Qualität und bin überall präsent, wo diese Qualität ist. Denke immer daran, daß ich keinen physischen Körper habe und folglich auch keine Impulse habe, etwas Bestimmtes in der materiellen Welt zu bewirken."

„Ich habe das Gefühl, daß es nicht so einfach ist, zu begreifen, was eine Gottheit ist – und bei Dir kommen ja noch eine Menge heftiger Gefühle hinzu, wenn man Dich genauer betrachten will ... ...

Dann habe ich noch ein Frage, die nur sehr indirekt noch zu dem Thema in diesem Kapitel gehört:

Ich weiß, wie Seelen aussehen, wenn man sie direkt wahrnimmt – sie haben in der Regel eine menschliche Gestalt, stehen einfach da und lächeln still, sie haben Augen von einer unbeschreiblichen Tiefe (die man manchmal noch bei Neugeborenen sieht), sie sind farbig und sie leuchten manchmal von innen her.

Wie eine Gottheit aussieht, wenn man sie wirklich wahrnimmt und sie nicht nur auf einer Traumreise in der üblichen Traumreisen-Weise als leicht kolorierte mehr oder weniger schemenhafte bis klare Gestalt sieht, weiß ich nicht so genau – zumindestens nicht so genau wie bei den Seelen.

Tja – das, was ich wissen möchte, ist, wie Du aussiehst, wenn ich Dich als Gottheit sehe."

„Schau."

... ...

Das ist alles sehr unerwartet, was ich da wahrnehme ... meine Wahrnehmung wendet sich in mich hinein, also nach innen – dort ist sozusagen für mich Dein Anfang ... dann kommt in mir eine unglaubliche Liebe auf – wie eine sich ausdehnende Wolke, wie ein Fluß, wie eine sich öffnende Knospe in der Mitte meiner Brust – da, wo ich seit Jahrzehnten immer wieder Krämpfe habe ...

Diese Liebe weitet sich ... sie geht über meinen Körper hinaus ... das ist mehr als

Liebe, das ist ... ein naher Zusammenhalt ... das ist geradezu Identität ... ne, nicht Identität – 'Zusammenhalt' trifft's besser ... das ist die Qualität des astrologischen Trigons, die Qualität der starken Wechselwirkung, die in den Protonen und Neutronen die drei Quarks zusammenhält, das ist organische, unauflösliche Integration ...

Jetzt hüllt mich diese Qualität vollständig ein ... und geht über mich hinaus ...

Sehe ich jetzt Dich, Teufel, oder ... sehe ich Deine Wirkung auf mich?"

„Du integrierst, Du beginnst Dich zu zeigen, Dich zu öffnen. Und Du beginnst heil zu werden – das ist das, was Du seit zweieinhalb Jahren mit Deinen Kundalini-Meditationen anstrebst."

„Das heißt, Du, Teufel, hast mir die ganze Zeit gefehlt – dafür, daß ich heil werden kann?"

„Das nennt man 'Integration des Schattens'."

„Hm ... ich bin komischerweise nie auf die Idee gekommen, das auf so wörtliche und direkte Weise zu sehen und zu tun. ... Und Du?"

„Bleib bei meiner Wirkung in Dir – das ist gerade das Wichtige."

„Ja ... da hast Du eigentlich recht ... ... ich fülle mich von innen her nach außen ... na, 'füllen' stimmt gar nicht so ganz ... es wächst alles auf die richtige Weise wieder zusammen ... es fügt sich wieder zurecht ... es werden Spalten, Störungen, Dissonanzen aufgelöst ... ...

Da ist in meiner Brust ein kugelförmiger Bereich, in dem die Integration abgeschlossen zu sein scheint ... der Bereich hat 40cm Durchmesser oder so was ... das Zentrum ist in meinem Herzchakra ... und der Bereich hat eine ziemlich klare Oberfläche – die ist kugelförmig, ja ... das geht dann noch weiter nach außen, aber da ist ein deutlicher Übergang, da geht es von einer Sache zu einer anderen ... so wie's ja im Körper auch mal vom Knochen zum Muskel geht, aber das Innere und das Äußere dieses bereichs gehören zusammen und sind Teil desselben Körpers ... ...

War's das, Teufel? ... Oder gibt es da noch was zu sehen?"

„Es gibt noch viel mehr, aber laß es erst mal da stehn – ein Schritt nach dem anderen ..."

„Danke, vielen Dank! ... ... Ho!"

17. Der persönliche Schatten

Der Teufel ist auch der persönliche Schatten – das ist zunächst einmal der wichtigste Teil des Teufels …

In der Regel wird dies eine bestimmte Eigenschaft und Fähigkeit sein, die man verdrängt und daher nicht integriert hat. Man kann diesen „persönlichen Teufel" auf viele Weisen finden:

- In vielen Fällen wird man bereits wissen, was man am meisten fürchtet: Krieg, Trennung, Schmerz, Aggression, Hunger, Kälte, Ohnmacht, Krankheit, Mangel usw. In der Nähe dessen, was man am meisten fürchtet, wird man auch den Kern des eigenen Schattens finden, der meistens ein lange zurückliegendes Erlebnis ist, daß einen selber maßgeblich geprägt hat.

- Man kann auch in der eigenen Biographie nach leidvollen Wiederholungen suchen. Es ist ziemlich sicher, daß diesen Wiederholungen der eigene Schatten, der persönliche Teufel zugrundeliegt – der natürlich auf dasselbe Erlebnis zurückgeht wie bei dem vorigen Punkt.

- Es gibt auch die Möglichkeit, sich das eigene Horoskop genauer anzuschauen. Es sind fast immer die Quadrat-Aspekte, die den persönlichen Teufel haben entstehen lassen. Ein Quadrat trennt und kann daher auch etwas abspalten und verdrängen, wenn man den Fehler begeht, nur den Planeten auf der einen Seite als „gut" anzusehen und den Planeten an dem anderen Ende des Quadrat-Aspektes für „böse" hält.
In machen Fällen können auch die Quincunxe, die Halbsextile oder die isoliert stehenden Planeten im eigenen Horoskop der Entstehungsort für den persönlichen Teufel sein, aber in der Regel sind es die Quadrate.

- Bei der Zeugung spiegelt sich die Seele in der Lebenskraft, die die befruchtete Eizelle umgibt. Diese Eizelle wird von der Materieseite durch die DNS in dem Ei und in dem Spermium geprägt, und von der Bewußtseinseite her von dem Charakter der Seele und von ihrer Absicht für ihre bevorstehende Inkarnation (was sich u.a. in der Wahl ihres Horoskopes zeigt).
Da die Lebenskraft polar ist, spiegelt sich die Seele zweimal – einmal als Mann und einmal als Frau. Bei einem Mann wird dieses innere Männerbild zu dem Selbstbild und dieses innere Frauenbild zu dem Suchbild – bei einer Frau ist das umgekehrt.
Wenn der Betreffende nun etwas Heftiges erlebt, kann es geschehen, daß sich die Psyche polarisiert. Wenn es um das Thema „Fülle" geht, entstehen

der Süchtige und der Asket, wenn es um das Thema „Kraft" geht, entstehen der Täter und das Opfer, und wenn es um das Thema „Selbstliebe" geht, entstehen der Star mit dem Größenwahn und der Fan mit dem Minderwertigkeitskomplex.

Diese Polarisierung wirkt natürlich auch das innere Männerbild und das innere Frauenbild, sodaß z.B. bei einem Fülle-Problem ein Süchtiger und ein Asket sowie eine Süchtige und eine Asketin entstehen. Von diesen vier Bildern lebt der Betreffende nur ein einziges selber – z.B. den Süchtigen. Die anderen drei Bilder werden von anderen Menschen übernommen. Dabei ist der Asket der Feind des Süchtigen, die Süchtige ist die Freundin des Süchtigen und die Asketin ist die Beziehungspartnerin des Süchtigen. Andere Süchtige können evtl. seine Freunde sein.

Das ganze ergibt das Beziehungsmandala, das dann als das „Lebensdrama" von dem Betreffenden und den Menschen, mit denen er zu tun hat, aufgeführt wird.

Dieses Mandala zeigt, daß es mindestens zwei persönliche Teufel gibt: einen männlichen und einen weiblichen, die denselben Charakter haben. Bei einem Süchtigen sind dies der Asket sowie die Asketin, die fatalerweise zugleich seine Beziehungspartnerin ist …

Man kann seinem Schatten, der äußeren Inszenierung seiner beiden persönlichen Teufel nicht entkommen.

- Der Charakter der Seele und ihre Absicht für ihre bevorstehende Inkarnation prägen den Lebenskraftkörper des Betreffenden. Da es in der Lebenskraft die Dynamik gibt, daß sich Gleiches und Gleiches aneinander lagert, gesellen sich zu der Seele für ihre derzeitige Inkarnation drei Verbündete:

> - Aus dem Bereich der Tiere gesellt sich das Tier zu dem Betreffenden, das dieselbe Dynamik wie der Betreffende hat: das Krafttier.

> - Aus dem Bereich der Pflanzen gesellt sich die Pflanze zu dem Betreffenden, die dieselbe Haltung wie der Betreffende hat: die Kraftpflanze.

> - Aus dem Bereich der Mineralien gesellt sich das Mineral zu dem Betreffenden, das dieselbe Struktur wie der Betreffende hat: der Kraftstein.

Wenn durch ein heftiges Erlebnis eine Polarisierung in der Psyche des Betreffenden entsteht, findet sich diese Polarisierung auch bei den drei Verbündeten wieder:

Wird z.B. der Mars verdrängt, kann es sein, daß das Wolfs-Krafttier der rangmäßig letzte Wolf in seinem Rudel ist – und irgendwo eine gewaltige Aggression schlummert.

Bei einer Mars-Blockade wird die Haltung des Betreffenden vermutlich ziemlich schlapp und kraftlos sein und der Stengel bzw. der Stamm der Kraftpflanze übermäßig schwanken.

Bei einem Mars-Problem wird dann auch die Strukturbildung bei dem Betreffenden zwar vorhanden, aber unentschlossen und nicht stabil sein.

- Schließlich gibt es noch die Kundalini, deren Erwecken alle Blockaden in den Chakren bewußt macht und schließlich auflöst. Anhand des Ortes der Hauptblockade in dem Chakrensystem kann man ebenfalls erkennen, welchen Grundcharakter der persönliche Teufel hat.

- Blockade des Wurzelchakras:	Asket
- Blockade des Haras:	Opfer
- Blockade des Sonnengeflechts:	Fan
- Blockade des Halschakras:	Star
- Blockade des Dritten Auges:	Täter
- Blockade des Scheitelchakras:	Süchtiger

Das Strahlen des Herzchakras wird durch jede größere Blockade innerhalb des Chakrensystems eingeschränkt.

Der persönliche Teufel hat offenbar einen differenzierten Charakter mit vielen verschiedenen Aspekten.

Im Zusammenhang mit der Kundalini gibt es noch eine interessante Verbindung: In der Homöopathie wird Schwefel (Sulphur) verschrieben, wenn ein Patient so unklare Symptome hat, daß nicht erkennbar ist, worunter er eigentlich leidet. Mithilfe des Schwefels „macht man ihm Feuer unter dem Hintern", d.h. man regt sein Wurzelchakra und somit auch seine Kundalini an.

Der bekannte Schwefelgeruch des Teufels könnte somit mit dem Wurzelchakra und mit der Kundalini zusammenhängen.

Der Mangel an einer großen Lebensintensität, die durch den Schwefel angeregt wird, findet man bei Menschen mit einem Skorpion-Aszendenten ausgesprochen selten.

Aus diesen Zusammenhängen könnte auch die Sympathie für den Geruch von Schwefel bei manchen Skorpionen stammen und ebenso der Schwefelgeruch des Teufels – schließlich scheint der Teufel einen Skorpion-Aszendenten zu haben … und eine große Intensität hat er ja auf jeden Fall.

17. Traumreise zum Teufel

„Was möchtest Du mir als nächstes sagen oder zeigen, Teufel?"
„Komm mal mit."
„O.k. ... Wohin?"
„Komm."
„Gut."

Ich sehe einen Feldweg ... er führt zu einem Dorf ... das erinnert mich an den Weg von Kleinromstedt in Thüringen, wo mein Vater geboren ist nach Großromstedt ... Felder, Obstbäume links und rechts von den Wegen ... wir biegen nach rechts ab und gehen einen sehr flachen Hang hinab ... unten ist ein kleiner Bach, der von links/ Westen nach rechts/Osten fließt – also zurück nach Kleinromstedt ... an einen solchen Bach kann ich mich nicht erinnern ... da stehen einige Kopfweiden am Ufer des Baches ... wir setzen uns da am Ufer in das Gras ... ich würde mich gerne anlehnen, aber da, wo ich sitze, ist kein Baum ... ... ich warte einfach mal, was nun passiert ...

Ich sehe kleine Fische durch das Wasser des Baches huschen ... die Wellen des Baches glitzern im Sonnenlicht ... ich erwarte fast, daß jetzt eine Königslibelle vorbeigeflogen kommt und sich auf mein Knie setzt – so wie sie es oft tun, wenn sie mir sagen wollen, daß ich einfach im Hier und Jetzt sein soll ...

Ich schaue nach links zu dem Teufel ... er sieht jetzt auf einmal aus wie Pan – eigentlich sehe ich ihn jetzt zum ersten mal richtig als Gestalt ... er pfeift leise vor sich hin ... ich habe vor ein paar Tagen ein Flötenstück geschrieben – wie Pan an einem Bach sitzt und Flöte spielt und einfach da ist und das genießt, was gerade ist ... das Flötenstück kann man sich bei youtube unter 'Eilenstein – Io Pan' anhören ... diese Stimmung ist jetzt auch hier ...

Es gibt nichts zu tun oder zu erkennen ... ich lege mich ins Gras und höre Pan zu ... höre das Plätschern des Baches, das Summen der Bienen, das Zwitschern der Vögel ... ab und zu rauscht der Wind in den Weiden ...

Ich glaube, ich schlafe jetzt einfach mal ein Weile hier auf dem Gras am Bach ... ja, das mache ich jetzt ... bis später dann ...

18. Teufel und Trauma

Ein Trauma ist ein Bestandteil der Psyche, der sich in einem extrem Zustand befindet: Er ist zum einen weitgehend von dem Rest der Psyche isoliert und zum anderen steht er unter dem größtmöglichen Druck.

Auch wenn ein Trauma sehr verschiedene Inhalte haben kann, so entstehen sie doch alle auf dieselbe Weise:

1. Ein Mensch gerät in eine Gefahrensituation, in der er seinen Tod, einen extremen Schmerz oder ähnliches vor Augen hat. Hier hat er drei Möglichkeiten:

a) Er sieht eine Chance, das Unheil abzuwenden und z.B. den hungrigen Löwen zu töten. Dann wird er das versuchen.

b) Er sieht die Möglichkeit, durch eine Flucht der Gefahr zu entkommen. Dann wird er das versuchen.

c) Er sieht keine Rettungsmöglichkeit in Angriff oder Flucht. Dann gibt er sich selber auf.

In einer solchen Situation beschließt die Seele, den Körper zu verlassen, weil sie keinen Vorteil darin sieht z.B. zu erleben, wie ihr Leib von einem Löwen gefressen wird – der Betreffende wird ohnmächtig.

Daher erlebt der dieser Mensch, wie er mit seinem Bewußtsein und mit seiner Wahrnehmungsfähigkeit den eigenen physischen Körper verläßt, über ihm schwebt und das ganze Geschehen aus der Distanz beobachtet. Dies wird dann „Nahtod-Erlebnis" oder „Astralreise" genannt.

Auf diese Weise haben die Menschen entdeckt, daß der Mensch mehr als nur sein Körper ist. Diejenigen, die solches Erlebnis gehabt und danach gelernt haben, solche Astralreisen willentlich zu wiederholen, waren die ersten spirituell-magischen Spezialisten: die Schamanen.

2. Nun gibt es zwei Möglichkeiten, wie sich diese Situation weiterentwickeln kann:

a) Der Mensch stirbt wirklich – dann ist die Geschichte hier zu Ende (zumindestens was seinen Körper und seinen Psyche angeht – die Seele existiert weiter).

b) Der Mensch überlebt, z.B. weil ihn seine Sippe gerettet hat –
dann geht die Geschichte weiter.

3. Nach der Rettung kehrt der Astralkörper des Betreffenden in seinen Kör-
per zurück und er erwacht aus seiner Ohnmacht. Zu diesem Zeitpunkt ist der
Betreffende noch voller Streß und der Adrenalin-Level ist auf dem Maximum.
Hier gibt es drei mögliche weitere Entwicklungen:

a) Der Betreffende beginnt zu schreien, zu zittern, zu stampfen, zu
weinen usw., wodurch der Streß und das Adrenalin abgebaut wird.
Dann ist alles wieder in Ordnung.

b) Der Betreffende wird an diesem Abbau seines Stresses durch die
Menschen oder die Umstände gehindert. Dann bleibt er weiterhin in
dem extremen Streß-Zustand.

c) Der Betreffende kann seinen Streß zwar abbauen, aber die Gefahrensituation wiederholt sich so oft, daß er schließlich nicht mehr in
der Lage ist, diesen Streß durch schreien, zittern, weinen, toben,
lachen usw. aufzulösen.

4. In den beiden Fällen, in denen der Betreffende seinen Streß nicht abbauen kann (3.a und 3.b), bleibt der Streß in ihm bestehen. Der Streß wird,
damit der Betreffende weiterleben kann, eingegrenzt und abgekapselt, aber es
gibt ihn eben trotzdem weiterhin in der Psyche. Auf diese Weise ist sozusagen
im Keller der Psyche eine festverschlossene Konservendose mit hochprozen-
tigem Streß in ihr entstanden, die unter großem Druck steht. In dieser Konservendose ist vor allem das Bild der konkreten Todesgefahr enthalten, die man
erlebt hat.
Der Inhalt dieser Konservendose, die da auf dem Kellerregal vor sich hin
rappelt, hat natürlich Auswirkungen auf den Rest der Psyche. Hier gibt es drei
Möglichkeiten:

a) Dem Betreffenden gelingt es, die Trauma-Konservendose sehr
gründlich von dem Rest der Psyche zu isolieren. Dann kann der
Betreffende weitgehend normal leben. Lediglich dann, wenn er etwas
erlebt, was dem Todesangst-Bild in der Konservendose sehr ähnlich
ist, verliert der Betreffende teilweise seinen Realitätskontakt und
beginnt so zu handeln, als ob er wieder in der Gefahrensituation wäre.

b) Dem Betreffenden gelingt es, die Trauma-Konservendose einigermaßen gut von dem Rest der Psyche zu isolieren. Dann kann der

Betreffende ebenfalls weitgehend normal leben, aber er ist sehr viel anfälliger für einen vorübergehenden Realitätsverlust – dafür muß eine konkrete Situation nur einigermaßen genau der früheren Gefahrensituation entsprechen. Das kann schwierig für den Betreffenden sein.

c) Dem Betreffenden gelingt es kaum, die Trauma-Konservendose von dem Rest der Psyche zu isolieren. Dann hat der Betreffende große Schwierigkeiten, noch einigermaßen normal zu leben. Es gibt dann sehr viele und möglicherweise im Laufe der Zeit auch immer mehr mögliche Auslöser für Realitätskontakt: Nicht nur Löwen rufen dann den Streß hervor, sondern auch alle Katzen, dann alle Tiere, dann alles, was sich bewegt usw. Dann hat der Betreffende ein ernstes Problem.

5. Die Heilung eines Traumas besteht meistens aus mehreren Schritten, wobei diese Schritte sehr verschieden viel Zeit in Anspruch nehmen können.

a) „Schauen": Der erste Schritt ist die Bewußtwerdung, daß es ein Problem gibt und die Bereitschaft, sich dieses Problem anzuschauen. Dabei sollte man langsam vorgehen und immer nur soviel betrachten, wie man man vertragen kann.

Man muß für die Heilung wissen, worum es eigentlich geht. Jede Integration beginnt damit, das man das, was man integrieren will, anschaut und kennenlernt.

Bei diesem Schritt und auch bei den beiden noch folgenden Schritten ist es sehr hilfreich, wenn man bei einem Freund, einem Therapeuten, einem Schamanen, einer Gottheit o.ä. einen soliden Rückhalt hat.

b) „Fühlen": Der zweite Schritt besteht darin, in kleinen Mengen zu fühlen, was sich in diesem Trauma befindet. Dabei sollte man stets mit dem Kopf über Wasser bleiben und wieder ans sichere Land zurückkehren, wenn man sich unsicher zu fühlen beginnt – ein Versinken in den alten Ängsten hilft nicht weiter.

Entweder schon beim Schauen oder jetzt beim Fühlen wird man sich selber in der Gefahrensituation sehen – in dem Alter, das man damals in dieser Situation gehabt hat.

Der Freund, der Therapeut, der Schamane oder die Gottheit, die einem Halt geben kann, ist hier sehr wichtig, da man mit ihrer Hilfe weiter gehen kann als man dies alleine könnte. Zudem können diese

Helfer auch in dem Gefahrenbild erscheinen und z.B. den Löwen vertreiben oder töten.

c) „Umarmen": Der dritte Schritt besteht darin, daß das „heute-Ich" das jüngere „damals-Ich" umarmt, d.h. integriert. Dann kann das „damals-Ich" zittern, weinen, lachen oder toben, um den in dem Trauma gefangenen Streß auszudrücken und aufzulösen.

Dadurch wird das traumatische Bild von der Todesgefahr-Situation „entschärft". Danach hat der Betreffende noch immer die Erinnerung an dieses Erlebnis (die „Konservendose" in seinem Keller), aber diese Konservendose steht nicht mehr unter Druck und ist nicht mehr voller Streß – es ist kein „emotional extrem aufgeladenes Bild" mehr (die „Konservendose" steht geöffnet und leer auf dem Kellerregal).

Was hat ein Trauma nun mit dem Teufel zu tun? Nun, es gibt nichts, was ein Mensch so fürchten kann wie den Inhalt seines Traumas – schließlich ist es Todesangst, was sich in der „Trauma-Konservendose" befindet. Ein Trauma macht einen Menschen zudem unflexibel, unelastisch und auf unerwartete Weisen sprunghaft und heftig. Man kann daher ein Trauma recht einfach daran erkennen, daß es bei einem Menschen wunde Punkte gibt, auf die er extrem heftig und irrational reagiert – sozusagen „psychische Tretminen", die sofort explodieren.

Das kann man auch in Gesprächen erleben, wenn man ungewollt ein solches Thema berührt – die traumatisierten Menschen werden dann plötzlich wütend, brechen in Tränen aus, werden aggressiv oder gehen einfach ohne jegliche Erklärung fort und kommen nie wieder.

Das Trauma-Thema wird wie der Tod gefürchtet – daher ist das Trauma (wenn es in der Psyche eines Menschen eines geben sollte) der Kern des persönlichen Teufels.

Das Trauma hat dann meistens auch mit einem Planeten an einem Ende eines Quadrates in dem Horoskop des Betreffenden zu tun, es zeigt sich als Blockade in einem bestimmten Chakra, es prägt den Zustand des Krafttieres, der Kraftpflanze und des Kraftsteins – und manchmal verursacht es einen blinden Fleck in der Erinnerung des Betreffenden, wenn das Trauma so gut isoliert worden ist, daß es keinen Kontakt von der übrigen Psyche aus zu diesem Trauma mehr gibt.

Man kann daher auch sagen, daß Menschen mit einem Trauma anfälliger für die Angst vor dem Teufel sind – was auch immer für sie das Bild des Teufels ist … Schließlich fürchten manche Menschen nicht den Teufel, sondern Gott, ein geordnetes Familienleben, Reisen in ferne Länder oder sonst etwas von allen möglichen Dingen am meisten.

Somit reduziert die Heilung der eigenen Traumas auch deutlich die Angst vor dem persönlichen Teufel – der in den meisten Fällen dem kollektiven Teufel recht ähnlich sein wird.

18. Traumreise zum Teufel

„Magst Du etwas zu meinen Überlegungen bezüglich des Zusammenhangs zwischen Traumas und dem Teufel sagen?"

„Mut."

„Mut?"

„Ja, Mut. Du hast vergessen, den Mut zu erwähnen. Die Heilung eines Traumas anzugehen erfordert Mut. Um das Löwen-Trauma zu heilen, mußt Du innerlich oder äußerlich zu dem Löwen gehen, der Dich fressen wollte und wieder die ganze Todesangst erleben, die Du damals gehabt hast – und an die Du Dich vielleicht nur noch ahnungsweise erinnern kannst. Es ist soviel bequemer, ein Trauma nicht aufzulösen und nur halb zu leben, weil dann Deine halbe Psyche blockiert ist ... Schau, wie lange selbst Du gebraucht hast, um mich besuchen zu kommen – obwohl Du Dich nun schon seit fast 50 Jahren mit der Selbstheilung beschäftigst."

„Ich bin einfach nicht auf die Idee gekommen, Dich zu besuchen ..."

„Ja – ich mußte Dir erst als die Intuition erscheinen, dieses Buch zu schreiben."

„Ehm – heißt das, daß Du doch eigenständig Initiative ergreifst und Dich in das Leben von Menschen einmischst?"

„Du hast mich gerufen, indem Du so intensiv um Heilung gebeten hast. Nur ich konnte Dir an der Stelle, an Du gerade stehst, helfen."

„Hm, ja ... das verstehe ich. ... Ich hatte also genügend Mut?"

„Ja ... sonst wäre ich nicht zu Dir gekommen."

„Ich bin doch zu Dir gekommen ..."

„Du hast mich gerufen und ich bin gekommen – und Du hast das als Traumreise zu mir erlebt."

„Ja, o.k. ... so ist es gewesen ... ... gibt es dazu noch mehr zu sagen?"

„Erst einmal nicht."

„Danke."

„Bitte – und bis bald!"

„Ja, bis bald! ... ... Ho!"

19. Globalisierung

Seit dem zweiten Weltkrieg ist deutlich geworden, daß wir auf der Erde eine Gesamtkoordination benötigen, um die Kriege, die Atombombe, die Umweltzerstörung, die Klimaerwärmung, die Überbevölkerung, das Artensterben und ähnliches mehr verhindern bzw. rückgängig machen können.

Die Zerstörung der Erde, d.h. genauer gesagt der Lebensmöglichkeit für Menschen auf der Erde, ist das neue zentrale Element des kollektiven Teufels geworden – also das, was niemand will. Damit sind jedoch mehrere Probleme verbunden:

- Nicht alle Menschen sehen dieses Problem.

- Nicht alle Menschen sind bereit, es zu lösen.

- Manche Menschen wollen, daß es die anderen lösen.

- Wieder andere beharren auf ihrem Egoismus und sorgen nur für sich selber.

- Dann gibt es auch noch die alten „kollektiven Teufel" wie den Fremdenhaß, das Machtstreben, den individuellen und den kollektiven „kurzsichtigen Egoismus".

Die Ausgangslage ist nicht einfach:

- Es gibt derzeit verschiedene politische Systeme – Demokratien, Diktaturen, Parteidiktaturen, weitgehende Freiheit des Einzelnen, weitgehende Kontrolle durch eine alles beherrschende Partei und viele Zwischenformen …

- Es gibt zudem verschiedene wirtschaftliche Systeme – Marktwirtschaft, zentrale Planwirtschaft, soziale Marktwirtschaft, Stammesformen, Diktaturen mit unklarer Wirtschaftsform, von Korruption geprägte Systeme …

- Es gibt alte Feindschaften, die noch nicht wirklich aufgelöst worden sind.

- Es gibt, um es sehr zurückhaltend auszudrücken, Vorbehalte zwischen den verschiedenen Rassen auf der Erde.

- Es gibt z.T. ein massives Mißtrauen zwischen verschiedenen Religionen.

- Es gibt den Anspruch mancher religiöser Extremisten auf die Weltherrschaft.

- Die Rohstoffe sind sehr verschieden unter den Staaten verteilt.

Das sind noch nicht alle Probleme – aber immerhin der größte Teil von ihnen. Dieses bunte Gemisch zu einer funktionierenden Zusammenarbeit zu bringen, ist eine Mammutaufgabe. Auf der individuellen Ebene würde diese Zusammenarbeit der Gründung einer Familie entsprechen, in der die Eltern und die Kinder alle vollkommen verschieden sind und niemand wirklich ganz dem anderen vertraut.

Die für diese Zusammenarbeit notwendige Grundhaltung ist die Einsicht, daß jeder Einzelne und jedes Volk die Bewahrung seiner Individualität braucht, um mit den anderen zusammenarbeiten zu können, und daß jeder Einzelne und jedes Volk auch den Blick auf das Ganze braucht, um die eigenen Entscheidungen und Handlungen auf das Funktionieren und Gedeihen des Ganzen hin auszurichten.

Das bedeutet nicht, den eigenen Egoismus aufzugeben, sondern es bedeutet nur, dem eigenen Egoismus mehr Niveau zu verleihen – was nützt eine neuer Porsche in der Garage, wenn es wegen der Klimaerwärmung kein Wasser mehr auf den Feldern und folglich kein Brot mehr gibt? Es wird also anstelle des kurzsichtigen Egoismus ein weitsichtiger Egoismus gebraucht.

Das heißt überhaupt nicht, daß alle gleich sein müssen, daß alle dasselbe zur Verfügung haben müssen und daß es eine einheitliche Kultur gibt – aber es heißt, daß die Unterschiede nicht so groß sein dürfen, daß dadurch größere Spannungen entstehen, und es heißt, daß niemand so handeln darf, daß er der Gemeinschaft insgesamt schadet.

Zu solch einer Haltung zu finden, ist schon in einer neu gegründeten Familie sehr anspruchsvoll bis recht schwierig – und unter den verschiedenen Völkern, Wirtschaftsformen, Staatsformen, Regierungsformen, Religionen usw. zu solch einer Haltung und Handlungsweise zu gelangen, ist so ziemlich das Anspruchsvollste, was man sich vorstellen kann.

Dabei ist der „neue Teufel" der Zerstörung der Bewohnbarkeit der Erde der Ansporn, sich den „alten Teufeln" der Armutsangst, der Fremdenangst, des Identitätsverlustes, der Bedrohung durch anderes, der Angst vor dem Ausgeraubtwerden, vor der militärischen Macht des Nachbarstaates usw. zu stellen und sie nach und nach aufzulösen. Wenn wir unseren „alten Teufel" nicht heilen können, wird uns unser „neuer Teufel" heimsuchen – dann wird die Erde unbewohnbar werden … und sich das Problem auf diese schlichte Weise lösen.

Was gebraucht wird, ist zum einen das Getragenwerden von dem Ganzen, also Vertrauen, und zum anderen das Tragen des Ganzen, also Verantwortung.

Im Persönlichen ist dies das Vertrauen in die Familie und die Verantwortung für die Familie.

In der Meditation ist dies das Erreichen des abgrenzungslosen Zustandes, in dem man den Göttern begegnet.

In der Psychologie ist dies die Bewußtwerdung des kollektiven Unterbewußtseins – und eben die Integration der ganzen alten Teufel, die als Urbilder in diesem kollektiven Unterbewußtsein sind. Das ist notwendig, weil sonst die alten Teufel verhindern, daß wir die realen aktuellen Probleme lösen können, die sonst zu einem neuen Teufel werden können, den wir nicht nur als die unerwünschte Möglichkeit der Selbstvernichtung der Menschen auf der Erde sehen, sondern der dann unsere ganz konkrete Realität werden wird – eben die Selbstvernichtung.

19. Traumreise zum Teufel

„Wie findest Du meine Überlegungen, Teufel? Sehe ich das richtig? Ist das Bild von den alten Teufeln und von dem neuen Teufel sinnvoll?"

„Das Bild ist sinnvoll, wenn es Dir hilft, Dich sinnvoll zu verhalten. ... Oder wenn es anderen hilft, sich sinnvoll zu verhalten."

„Hm ... kannst Du dazu noch mehr sagen? Ich weiß nicht, ob ich da schon bis zu dem Grund des Ganzen gelangt bin ..."

„Das ist schon gut so – das, was Du da gerade machst, ist Dein Teil an dieser kollektiven Verwandlung."

„Hm ... noch irgendeinen Tip?"

„Das neue Bild des Teufels wird ja in den letzten Jahren zunehmen deutlicher und es wird auch lauter ausgesprochen – und eher zaghaft beginnen die Menschen sich ja auch anders zu verhalten."

„Hm ... na, gut ... ... Vielen Dank, Teufel!"

„Bitte."

„Ho!"

20. Narr und Teufel

Der Teufel tritt vor allem in den monotheistischen Religionen auf, in denen er das ist, was Gott und der König nicht wollen.

In den Stammesreligionen, die durch Magie und Mythologie geprägt sind, findet sich anstelle des Teufels eine andere Gestalt: der Narr.

Dieser Narr ist auch als „Trickster" bekannt. Er kann recht verschiedene Gestalten annehmen. Allen Varianten des Tricksters ist gemeinsam, daß er die Dinge falsch macht und deshalb scheitert. Dadurch beweist er letztlich, daß es sinnvoll ist, die Richtigkeit zu befolgen – ganz einfach, weil man dann Erfolg hat.

- Der Heyoka (Dakota-Sprache: Narr, Umgekehrter, Gegensatz) ist bei den nordamerikanischen Prärie-Indianern ein Mann, der alles umgekehrt macht: „Ja" bedeutet bei ihm „nein", er sitzt falsch herum auf dem Pferd, er ist schwul, er schläft Tags, er trink Wasser aus einer Kürbisschale mit Löchern usw.

Man wird zum Heyoka, wenn man vom Donner träumt – wer vom Blitz träumt, wird zum Schamanen. Der Schamane zeigt den Menschen die Richtigkeit, der Heyoka zeigt den Menschen die Unrichtigkeit – der Schamane lehrt die Menschen, indem er sie zu tieferen Einsichten führt – der Heyoka lehrt die Menschen, indem er sie zum Lachen bringt.

- Der Trickster ist jemand, der andere überlisten will, aber der letztlich immer selber in die Grube fällt, die er für andere gegraben hat. Der Trickster ist im Gegensatz zum Heyoka eine mythologische Gestalt, d.h. man erzählt Geschichten über die Listen und die Dummheiten des Tricksters.

- In vielen nordamerikanischen Geschichten ist der Koyote der Trickster. Er versucht verschiedene Tiere zu fangen und zu fressen, aber mit all seinen Listen schadet er sich meistens nur selber.

- Die einzige europäische Beinahe-Entsprechung zum Koyote-Trickster sind die Geschichten über den Fuchs und den Wolf, in denen der Fuchs der Listige und der Wolf der Tölpel ist. Im Gegensatz zum Trickster ist der Fuchs jedoch in der Regel erfolgreich, aber immerhin stellt der „dumme" Wolf unfreiwillig auch immer wieder dar, wie man es nicht machen sollte.

- In der Dakota-Mythologie ist der Spinnenmann Iktomi der Erfinder der meisten Dinge, die die Menschen benutzen. Er wird von den Dakota u.a. auch als der Erfinder des Internets angesehen. Iktomi spinnt seine Listen wie seine Spinnennetze, aber verfängt sich letztlich dann doch fast immer selber in ihnen.

- Die Spinnennetze haben auch in Westafrika zu dem Motiv des Spinnenmannes geführt, der dort „Anansi" heißt. Auch er ist ein Trickster, der jedoch im Gegensatz zu seinem Verwandten Iktomi bei den Dakotas oft auch über stärkere Gegner siegt und darin eher dem Fuchs in Europa gleicht.

- Der bekannteste Trickster in den europäischen Mythologien ist Loki – er versucht immer wieder die Asen allgemein und den Donnergott Thor im Besonderen zu überlisten, aber wird fast immer von Thor aufgrund von dessen Körperkraft besiegt.

- Die Mahasiddhas, die eine buddhistische Yoga-Richtung in Nordindien um ca. 1000 n.Chr. gewesen sind, haben auch Charakterzüge von Trickstern, da sie die Schwächen der Menschen nutzen, um ihnen zur Erleuchtung zu verhelfen. So bekommt ein Freßsüchtiger eine Meditation, in der er nur über das Essen meditiert, ein Musiker soll über die Stille hinter allen Tönen meditieren und ein machtgieriger Räuber erhält eine Meditation, durch die er zugleich allmächtig und erleuchtet wird … Diese Ansatz wird „Wasser im Ohr mit Wasser entfernen" genannt.

- Die Narren an den mittelalterlichen Fürstenhöfen hatten eine ähnliche Funktion wie der Heyoka. Sie waren die einzigen, die dem Fürsten ihre Meinung sagen durften und die die Fehler der Menschen auf humorvolle bis drastische Weise offengelegt haben. Ein guter Hofnarr konnte durch sein Handeln sehr viel bewirken, da er den Menschen ihr Tun und die Folgen dieses Tuns bewußt machte. Er hatte die Aufgabe, die Menschen aufzuwecken und sie aus ihrem unbewußten und reflexhaften Handeln herauszuholen.

- Der heutige Clown hat leider kaum noch etwas mit dem Trickster und dem Narren gemeinsam. Lediglich der Krankenhausclown, der vor allem Kinder und Langzeitpatienten aufmuntern soll, hat noch ein wenig therapeutische Funktion.

Die Trickster sind eine Alternative zum Teufel – der Teufel ist das gefürchtete Ungewollte im Königtum und der Trickster zeigt das Ungewollte auf freundliche Weise in den Stammeskulturen. Der Teufel hat die Härte der Hierarchie des Königtums und des Monotheismus – der Trickster hat das Lachen der Selbsterkenntnis der Selbstbestimmung in der Stammesorganisation.

20. Traumreise zum Teufel

„Hallo Teufel, wie siehst Du Dein Verhältnis zu dem 'weisen Narren' und zum Trickster?"

„Nette Zeitgenossen – die wissen wenigstens, daß es mich gibt, aber fürchten sich nicht vor mir. Mit denen kann man reden ..."

„Gibt es da einen, der Dir besonders sympathisch oder vertraut oder nah ist?"

„Du solltest nur Fragen stellen, bei denen Du wirklich nach der Antwort suchst, Harry."

„Hm ... ja ... eigentlich habe ich bezüglich 'Narr und Teufel' keine Fragen ... ich habe nur gehofft, daß Du noch etwas weißt, was wichtig sein könnte ..."

„Dann frag mich auch genau das! Du willst also etwas wissen, was für Dich wichtig ist?"

„Ja – d.h. für mich oder für die Leser dieses Buches oder für die Menschen allgemein."

„O.k. – an die Leser dieses Buches: Wenn ihr dieses Buch gelesen habt und dann nichts in eurem Leben ändert, hättet ihr's auch sein lassen könnten – Zeitverschwendung! Also kommt mich mal selber besuchen – dann reden wir mal miteinander."

„Hm ... gibt es vielleicht noch etwas allgemeines zu sagen?"

„Hey! Frage, wenn Du wirklich eine Frage hast und nicht nur, um Dein Buch zu füllen!"

„O.k., o.k. ... ich glaub', ich hab's verstanden ... Also, ich habe im Augenblick keine Frage an Dich."

„Gut – dann will ich Dir was erzählen. ... Geh mit Deiner Aufmerksamkeit in Dein Hara."

„O.k. ... ..."

„Beschreib es."

„Hm ... vier Fingerbreit unter meinem Nabel ... undeutlich wahrnehmbar ... die Verbindung vom Wurzelchakra zum Hara ist durch meine Meditationen in den letzten Wochen deutlicher geworden ... die kann ich wahrnehmen ..."

„Gehe richtig in Dein Hara hinein."

„O.k. ... mach ich ... ... ich stelle meinen PC auf 'Aufnahme' und schließe dann meine Augen und spreche alles, was ich sehe und tue, laut aus und nehme es auf ... ... ich gehe von meinem Kopf aus nach unten ... durch den Mundraum, durch den Hals ... Brust ... Bauch ... ...

Hm, das ist schwierig zu dem Hara hinzukommen – da ist etwas, was mich davon fernhält."

„Schau's Dir an."

„Es ist kugelförmig – also das Hindernis ... ... ich kann links und rechts davon hingehen, davor und ... dahinter ... und drunter – kein Problem ... hm ... sowas! ...

Sowas habe ich eigentlich noch nie gesehn ... ehm ... Was ist das? ... Das ist fest, aber nicht hart, das ist wie 'ne ... Schale ... 'ne Schale, aber ... das ist so'n bißchen Papier-artig, aber organisch, aber nicht so trocken-knittrig wie Papier ... Ich streichel da mal mit der Hand drüber ... ...

Ich wünsche mich da hinein ... ... hm – ich sehe auf einmal das Mansardenzimmer bei meinen Eltern, in dem ich lange gewohnt habe ... Und was ist hier eigentlich? ... ja ... das fühlt sich ein bißchen leer und unbewohnt an, mein Hara ... Wie ist die Verbindung nach unten? ... Wie sieht die aus? ... Die ist verstopft, die ist ein Schlauch ... ich reinige das mal ... ... da hab ich jetzt einen ganzen Eimer voll Dreck – der Schlauch ist jetzt frei ... Und die Verbindung nach oben? ... Ist auch wie ein Schlauch, aber ... das ist ... wie Spinnweben ... so ... das ist'n anderes Zeugs als unten ... ich hol das auch mal raus ... ich tu's in einen anderen Eimer ... das macht mehr den Eindruck wie unbenutzt sein und nicht wie blockiert sein ... ...

Da ist eine Angst, die Lebenskraft ins Hara fließen zu lassen ... o.k. – da krieg ich so 'ne Art Stechen rechts in der Brust ... "

„Jetzt bleib mal da unten. "

„Was ist da? ... Was geht da vor sich? ... Was soll ich jetzt mit dem Dreck in den beiden Eimern machen? "

„Feuer machen. "

„Feuer machen? ... Na gut ... ich entzünde das ... das Zeug in dem Eimer mit dem Zeug aus dem Sonnengeflecht verbrennt ganz schnell ... und das andere ... ist ein bißchen wie feuchte Kohle ... das glimmt vor sich hin ... na, jetzt zündet es richtig! ... ich stelle das mal so, daß das Feuer nach oben geht ... oder sollte das im Wurzelchakra stehen? ... ne ... das ist hier schon richtig ... o.k. ... fühlt sich gut an ...

Wenn das Kohlen sind, dann ist das ja die Energie, die eigentlich aufsteigen wollte, aber die dann hängengeblieben ist und dann sozusagen erstarrt ist – dann paßt das Verbrennen ja dazu ...

Gut ... Was ist denn hier im Zentrum des Haras? ... hm, irgendwie nichts ... ja, doch, da ist schon was, aber ... nichts Intaktes ... ... hm – ich hätte jetzt ja Dich hier erwartet, Teufel, oder irgendwas in der Art ... "

„Ruf mal das Bild, das da ist, damit Du es siehst. "

„Oh ... ja ... ein kleiner Harry, der verprügelt wird ... klar – das paßt zu einem abgeschalteten Hara, ja ... ... ich nehm den kleinen Harry in den Arm ... er zittert ... ...

Die Mitte des Haras kriegt langsam Farbe ... rot ... mit so 'nem Hauch orange ...

Das war ... hauptsächlich die Prügel von meinem Vater ... das überrascht mich jetzt ... ich dachte, die Prügel von meiner Mutter hätte mir mehr zu schaffen gemacht ... egal ... ... Da ist meine Wölfin, mein Krafttier! ... Die schnuppert an dem Hara ... der gefällt das, das da was passiert ... ... schaun wir mal ... hm ... mein Thuja wird auch kräftiger ... meine Kraftpflanze ... hm ... und der Bergkristall? ... ... der scheint eher eine Hilfe dabei gewesen zu sein, hierhin zu kommen ... o.k. ... ...

Sollte ich die Verbindung nach unten zum Erdkern herstellen, Teufel?"

... ...

„Nur ein bißchen. ... ... Das kann ja bei dem nächsten Meditieren richtig in Gang kommen."

„Da ist noch diese Kohle in dem Eimer, die da glüht ... ich krieg so'n Gefühl dafür, wie sich das anfühlen könnte, wenn so'n Hara so richtig in Gang kommt ... ... hm ... Brauchst Du was, Hara? ... Scheint nicht so ... Und Du, kleiner Harry? ... Der ist auch zufrieden auf meinem Arm ... O.k. – und was meinst Du dazu, Teufel?"

... ...

„Ich habe Dir gezeigt, wo Dein Teufel steckt – im Hara, da ist Deine Blockade ... Hara-Blockade, Mars-Blockade ... kein fester eigener Stand ..."

„Ja ... wobei ... ich mich wundere, daß ich da den Teufel nicht gesehen hab ..."

„Die Kohle, Harry!"

„Hm ... ja ... stimmt ... der Teufel muß nicht immer zwei Hörner haben ... das Brennen der Kohle ist jetzt sozusagen die Erlösung des Teufels?"

„Könnte man so nennen."

„Ja, gut ... dann ... laß ich das jetzt mal so ..."

Der Teufel nickt ...

„Ja, gut – dann kehre ich jetzt mal wieder zurück ... aus dieser Traumreise zu meinem Hara zurück in meinen Kopf ... ich sehe mein Hara jetzt sozusagen noch von oben ... dann öffne ich die Augen wieder ...

Ja ... vielen Dank, lieber Teufel! ... Du hast echt immer eine Überraschung für mich ..."

„Ja – das hat das mit dem Verdrängten so auf sich ... das kennt man halt nicht so gut ..."

„Hm ... logisch ... ja ... O.k.! ... Ja – Danke! ... Bis bald!"

„Bis bald!"

„Ho!"

21. Der Teufel in den vier Elementen

Das Wesen des Teufels hängt vom Standpunkt des Betrachters ab, da er das Ungewollte ist. Dabei kommt es auch noch vor, daß für manche Menschen die bestehende Ordnung das Ungewollte ist und somit der Teufel das Gewollte darstellt.

Diese Situation macht es schwierig, neben dem religionshistorischen kollektiven Teufel auch die persönlichen Ansichten über den Teufel zu beschreiben – diese Ansichten sind einfach zu vielfältig. Um diesen vielen Möglichkeiten zumindestens ein wenig näher zu kommen, kann man mithilfe von einigen Rastern diese Möglichkeiten betrachten. Das vermutlich einfachste dieser Raster sind die vier Elemente.

Feuer ist zunächst einmal Stärke, Expansion und daher auch kraftvolle Bewegung und sekundär auch Kampf, Sexualität und Ekstase und als Essenz Kraft.

Aus der Sicht des Elementes Feuer könnte ein Teufel somit einerseits dominant, grausam, egozentrisch, rücksichtslos und sadistisch sein, aber zum anderen auch unterwürfig, haltlos, antriebslos und masochistisch.

Generell wäre ein „Feuer-Teufel" das Bild des „nicht in seiner Kraft sein". Das kann jedoch recht verschieden gesehen werden: nicht der Stärkste sein, nicht erfolgreich rebellieren oder auch die Rebellen nicht besiegen … Die Frage ist hier letztlich immer ein Kampf und wer ihn gewinnt – daraus ergibt sich das vom Element Feuer geprägte Bild des Teufels.

Wasser ist zunächst einmal Gefühle, Sympathie, Antipathie, Anteilnahme und als Essenz Liebe.

Aus der Sicht des Elementes Wasser könnte ein Teufel somit weinerlich, übertrieben altruistisch, zerfließend, aber auch emotionslos, rücksichtslos und kontaktarm sein.

Generell wäre ein „Wasser-Teufel" das Bild des „emotionalen Ungleichgewichtes", wobei das sowohl ein Zuviel an Gefühlen, also ein von Gefühlen überschwemmt werden, als auch ein Zuwenig an Gefühlen, also eine Gefühls-Dürre sein können … Es geht hier letztlich immer um Gefühle und Bedürfnisse und darum, wer ihre Erfüllung erreicht und wie – daraus ergibt sich das vom Element Wasser geprägte Bild des Teufels.

Luft ist zunächst einmal Denken, Sprechen, Argumentieren, Logik, Erkenntnis und als Essenz Wahrheit.

Aus der Sicht des Elementes Luft könnte ein Teufel somit zuwenig denken, unklar, verwirrt und vergesslich sein, aber auch ein Lügner, Agitator, Polemiker und Haarspalter sein.

Generell wäre ein „Luft-Teufel" das Bild des „aus dem Gleichgewicht geratenen Denkens, wobei es hier sowohl das Zuwenig des trüben Stumpfsinns als auch das Zuviel des pedantischen Nörglers gibt … Die Frage ist hier zwar letztlich immer die Erkenntnis, aber oft auch die Frage, wer sich mit seinen Worten gegen andere durchsetzen kann – daraus ergibt sich das vom Element Luft geprägte Bild des Teufels.

Erde ist zunächst einmal Festigkeit, Beständigkeit, Nahrung, Grundlage, Fundament, feste Form und als Essenz Gedeihen.

Aus der Sicht des Elementes Erde könnte ein Teufel somit arm, verzichtend und wankelmütig, aber auch gierig, hortend, festklammernd und verbissen sein.

Generell wäre ein „Erd-Teufel" das Bild des „nicht-Gedeihens", wobei es hier sowohl die zu große Festigkeit und Fruchtbarkeit als auch die zu geringe Festigkeit und Fruchtbarkeit gibt … Die Frage ist hier letztlich immer, ob man das rechte Maß an Abgrenzung, Besitz und Genießen findet oder nicht – daraus ergibt sich das vom Element Feuer geprägte Bild des Teufels.

Vielleicht sollte man diese Betrachtungen eher „Schattenseiten der vier Elemente" nennen, aber da diese Schattenseiten das sind, woraus der Charakter des Teufels besteht, kann man diese Betrachtungen auch als „Charakterstudien verschiedener Erscheinungsformen des Teufels" ansehen.

Hier soll natürlich keine neue Form der Teufelshierarchie entworfen werden – diese Betrachtung dient nur dazu, die verschiedenen Möglichkeiten dessen, was für einen Menschen die Essenz des Teufels sein kann, zu verdeutlichen.

21. Traumreise zum Teufel

„Hallo Teufel – findest Du diese Art von Betrachtung hilfreich und sinnvoll?"

„Sie sind Deine Art, Dinge anzugehen – das reicht doch, oder?"

„Hm … auf eine sehr persönliche Weise schon … Aber hast Du den Eindruck, daß dadurch deutlicher wird, was das Wesen des Teufels ist?"

„Das haben auch schon die Scholastiker untersucht – von daher findest Du Dich da ja in einer ausreichend pedantischen Gesellschaft wieder …"

„Ist das jetzt Ironie?"

„Ja, natürlich!"

„Du findest das zu pedantisch?"

„Nein – gar nicht … Ich winke Dir nur mit einem Zaunpfahl: Du fällst gerade den

Verlockungen eines Luft-Teufels anheim, indem Du das rechte Maß an Details aus den Augen verlierst. "

„Ehm ... nun gut ... dann ist das jetzt ja in mehrerer Hinsicht für die Leser hilfreich ... als Betrachtung zu den vier Elementen und ihren Schattenseiten und dazu, wo überall ein Teufel lauern kann.

Hm ... dabei dürfte es wohl wichtig sein, daß man selber festlegt, welches Maß man bei welchem Thema als richtig und einem selber entsprechend findet – oder? "

„Wenn Du die Dinge nicht in Deinem eigenen Stil tust, bist Du Dir selber nicht treu. Es geht darum, den eigenen Weg zu gehen – die Abweichung davon ist das Ungewollte und folglich der persönliche Teufel. Die allgemeine Ansicht darüber, was sein soll und was nicht, ist von nur von Bedeutung, weil sie die Umgebung prägt, in der man sich selber bewegt.

Zunächst geht es mal um den 'Ich-Teufel' und erst dann um den 'Über-Ich-Teufel', um mal Freuds Begriffe weiterzuentwickeln. "

„Hm ... na gut ... dann werde ich nun mal noch zwei weitere Kapitel schreiben, die tendenziell ein bißchen zu sehr ins Detail gehen ... aber hoffentlich doch für den einen oder anderen hilfreich sind.

Merci vielmals! "

„Bittschön. "

„Ho! "

22. Der Teufel in den zehn Planeten

Die sieben klassischen Planeten, die man mit bloßem Auge sehen kann, sind die Grundlage für die sieben Todsünden gewesen – die natürlich das sind, wozu der Teufel aus christlicher Sicht die Menschen verführen will. Da die sieben Todsünden nur ungefähr den Schattenseiten der astrologischen Eigenschaften der Planeten entsprechen, folgt hier eine Betrachtung der Schattenseiten der zehn Planeten aus astrologischer Sicht.

Der Schatten bzw. der Teufel ist entweder ein „zu viel" und „zu laut" von etwas oder ein „zu wenig" und „zu leise" von etwas. Das als richtig empfundene Maß ist natürlich individuell sehr verschieden.

Mond
Eigenschaften: Kontakt, Anteilnahme, Wahrnehmung, Empfindung, Hilfsbereitschaft, Innigkeit
Zuviel-Schatten: Bemutterung, Konzentrationsunfähigkeit, Festklammern, Sucht, es anderen recht machen, Abhängigkeit
Zuwenig-Schatten: Teilnahmslosigkeit, Apathie, Flachheit, Isolation, Askese, Hilfsbedürftigkeit

Merkur
Eigenschaften: Verstand, Denken, Klarheit, Logik, Schlüssigkeit, Wissenschaft
Zuviel-Schatten: Pedanterie, Haarspalterei, Starrsinn, Unflexibilität, Rechthaberei
Zuwenig-Schatten: Ungenauigkeit, Dummheit, Unlogik, Schludrigkeit

Venus
Eigenschaften: Sympathie, Antipathie, Zuneigung, Abneigung, Schönheitssinn, Liebe
Zuviel-Schatten: Eitelkeit, Harmoniesucht, Nymphomanie, alle Aufmerksamkeit brauchen
Zuwenig-Schatten: Verwahrlosung, Häßlichkeit, Disharmonie, graue Maus

Sonne

Eigenschaften: Selbstliebe, Egozentrik, in sich ruhen, Selbstausdruck, Strahlen

Zuviel-Schatten: übertriebene Egozentrik, Größenwahn, Salonlöwe, Star, allen Beifall brauchen, das Zentrum von allem sein müssen

Zuwenig-Schatten: Mangel an Egoismus, Minderwertigkeitskomplex, Fan

Mars

Eigenschaften: Kraft, Durchsetzungsfähigkeit, Mut, Risikobereitschaft, Kampf, Sex, Konkurrenz

Zuviel-Schatten: Sexsucht, Grausamkeit, Vernichtungswillen, Sadismus, Springinsfeld

Zuwenig-Schatten: verdrängte Sexualität, Ängstlichkeit, Zaghaftigkeit, Masochismus

Jupiter

Eigenschaften: Ziele, Ideale, Aufbau, Management, Gedeihen, Genießen, Kooperation

Zuviel-Schatten: Völlerei, Selbstüberforderung, Herrschsucht, Verbissenheit, Unflexibilität

Zuwenig-Schatten: Antriebslosigkeit, Mangel an Zielen, Energielosigkeit, Resignation

Saturn

Eigenschaften: Festigkeit, Sicherheit, Fundament, Beständigkeit, Bewahrung, Schutz

Zuviel-Schatten: Härte, Steifheit, Prinzipienreiter, Unterdrückung, Sturheit

Zuwenig-Schatten: Haltlosigkeit, Wankelmütigkeit, Anpassung, Wechselhaftigkeit, fehlendes Fundament

Uranus

Eigenschaften: Ideenreichtum, Neues, Erfindungen, neue Zusammenhänge, neue Formen, neue Möglichkeiten

Zuviel-Schatten: Unkontrolliertheit, Sprunghaftigkeit, den Faden verlieren, Verwirrung

Zuwenig-Schatten: Ideenlosigkeit, Mangel an Intuition, keine Perspektiven, Langeweile

Neptun

Eigenschaften: Phantasie, Kunst, Religion, Meditation, Ökologie, Spiritualität, Sozialengagement

Zuviel-Schatten: Zerfließen, Haltlosigkeit, Illusionen, Phantasterei, Selbstaufopferung

Zuwenig-Schatten: Isolation, Phantasielosigkeit, kein Urvertrauen, Umweltzerstörung

Pluto

Eigenschaften: Einsgerichtetheit, Wesentliches, Engagement, Ekstase, Intensität

Zuviel-Schatten: Verbissenheit, Fixierung, Scheuklappenmentalität, Rücksichtslosigkeit

Zuwenig-Schatten: Laschheit, Mangel an Tiefe, Zerstreutheit, Oberflächlichkeit

Aus dieser kurzen Übersicht kann man ersehen, wie vielfältige Formen der persönliche Schatten haben kann und wie vielfältig daher auch der Schatten eines Volkes, d.h. die Teufelsgestalt in der betreffenden Kultur beschrieben werden kann.

22. Traumreise zum Teufel

„Hallo Teufel – was ist das Wesentlichste, was Du mir gerade sagen kannst? ... Oder besser noch: Was ist das Wesentlichste, was Du mir für dieses Buch, d.h. für seine Leser sagen kannst?"

„Schreib Du das Buch! Versuch nicht, mich für Deine Zwecke einzuspannen! Wenn Du selber eine Frage hast, dann beantworte ich sie Dir – oder auch nicht. Aber diese Suchen nach Wesentlichem kann ich nicht leiden."

„Hm ... ist das ein Teil meines Schattens?"

„Na – immerhin funktioniert Dein Verstand."

„Suche nach Tiefe, wo gerade keine ist?"

„Ich glaube, Harry, ich muß das revidieren, was ich Dir gerade über Deinen Verstand gesagt habe."

„O.k. ... Ich suche also nach mehr Intensität als ich derzeit in meinem Leben habe. ... habe ich das jetzt richtig erkannt?"

„Das mußt Du wissen ... Aber ich finde, daß Du jetzt näher am Wesentlichen bist."

„Hm ... liegt das an meinem Pluto/Saturn-Quadrat?"

„Das liegt nicht daran – das beschreibt das."

„Ja, gut – das ist präziser formuliert."

„Das ist nicht nur eine Frage der Formulierung, sondern die Frage, ob Du wirklich die Verantwortung für Dein Leben übernimmst!"

„O.k. ... kannst Du mir einen Tip dazu geben?"

„Schreib nicht so viel – geh raus wandern, improvisiere Musik, tanze, besuche andere Menschen ... dann kommst Du dem näher, was Du eigentlich suchst."

„Ja ... ... Danke."

„Bitte."

„Ho!"

23. Der Teufel in den zwölf Tierkreiszeichen

Dasselbe wie mit den zehn Planeten kann man auch mit den zwölf Tierkreiszeichen machen – also die grundlegenden Stile der Tierkreiszeichen zusammen mit ihren beiden möglichen Abweichungen, also ihrer Verzerrung zu zwei entgegengesetzten Extremen betrachten.

Widder
    Eigenschaften: direkt, spontan, schlicht, kraftvoll, im Hier und Jetzt, stürmisch
    Zuviel-Schatten: übereilt, fahrig, cholerisch, unvorsichtig, nicht umsichtig
    Zuwenig-Schatten: zögerlich, antriebslos, zweifelnd, nicht begeisterungsfähig

Stier
    Eigenschaften: sammeln, schützen, pflegen, lagern, genießen, gedeihen
    Zuviel-Schatten: geizig, horten, gierig, einengen, rauben, totpflegen, keinen Freiraum lassen
    Zuwenig-Schatten: verkommen lassen, darben, sich nicht schützen, lieblos sein

Zwillinge
    Eigenschaften: neugierig, unternehmungslustig, erfinderisch, Ideenreichtum, Humor
    Zuviel-Schatten: fahrig, unkonzentriert, wirr, nichts zu Ende bringen können
    Zuwenig-Schatten: einfallslos, stumpfsinnig, interessenlos, antriebslos

Krebs
    Eigenschaften: empfindsam, introvertiert, hütend, nährend, wärmend, Kontakt suchen
    Zuviel-Schatten: bemutternd, überfürsorglich, einengend, an jemandem festklammern, überemotional
    Zuwenig-Schatten: empfindungslos, nachlässig, teilnahmslos, unsensibel

Löwe

Eigenschaften: ich-bezogen, willensstark, strahlend, gestaltend, schöpferisch

Zuviel-Schatten: egozentrisch, Größenwahn, Angeber, immer im Mittelpunkt stehen müssen

Zuwenig-Schatten: Selbstzweifel, Fan, Minderwertigkeitskomplexe, schüchtern

Jungfrau

Eigenschaften: sorgfältig, genau, vorsichtig, planend, aufs Detail achten, empfindsam, störanfällig

Zuviel-Schatten: überempfindlich, leicht irritiert, pedantisch, Ordnungswahn, Kontrollzwang

Zuwenig-Schatten: liederlich, nachlässig, ungenau, fahrlässig, chaotisch, unaufgeräumt

Waage

Eigenschaften: Schönheit, Harmonie, Ausgleich, Diplomatie, Verbindung, Beziehungen

Zuviel-Schatten: Harmoniesucht, schöner darstellen als es ist, sich anpassen, rückgratlos

Zuwenig-Schatten: Dinge verkommen lassen, Kontaktarmut, Interessenlosigkeit

Skorpion

Eigenschaften: auf den Punkt kommen, Intensität, Tiefe, Verwandlung, einsgerichtet

Zuviel-Schatten: bissig, zerstörerisch, aggressiv, extrem, rücksichtslos

Zuwenig-Schatten: lasch, keine Tiefe, antriebslos, chaotisch-emotional

Schütze

Eigenschaften: idealistisch, zielstrebig, allzeit bereit, begeisterungsfähig, einsatzbereit

Zuviel-Schatten: überdreht, hyperaktiv, ständig neue Ziele, sich selber überfordern

Zuwenig-Schatten: antriebslos, keine Ziele, resigniert, kraftlos, teilnahmslos

Steinbock
    Eigenschaften: gründlich, Sicherheit, Fundament, realistisch, sachlich
    Zuviel-Schatten: autoritätsgläubig, Existenzangst, Prinzipienreiter, gefühlskalt
    Zuwenig-Schatten: orientierungslos, kein Fundament, unsachlich, wankelmütig

Wassermann
    Eigenschaften: weitsichtig, pfiffig, erfindungsreich, schnelle Auffassungsgabe, verallgemeinernd, Grundlagen suchen, Utopien, Gemeinschaft von Gleichgesinnten
    Zuviel-Schatten: überdreht, fahrig, lebt in Wolkenkuckucksheim, nichts auf den Boden bringen können, Realitätsverlust
    Zuwenig-Schatten: Ideenlosigkeit, Resignation, keine Zukunftsvisionen, kontaktarm

Fische
    Eigenschaften: empfindsam, Ahnungen, intuitiv, feinfühlig, anteilnehmend, hilfsbereit
    Zuviel-Schatten: orientierungslos, aufopfernd, nicht auf den Boden kommen, in einer Traumwelt leben, Drogen, vernebelt
    Zuwenig-Schatten: empfindungsarm, hilfsbedürftig, desorientiert, phantasielos

Auch diese Liste soll vor allem zeigen, welche Eigenschaften der persönliche Schatten und somit der persönliche Teufel alles haben kann.

23. Traumreise zum Teufel

„Hallo Teufel ... ich habe Dich inzwischen schon so viel gefragt, daß mir allmählich die Fragen ausgehen."

„Dann hör auf zu fragen! Mußt Du denn an jedes Kapitel eine Traumreise anfügen? Das ist ein Teil Deines Schattens: übertriebene Ordnung und Vollständigkeit."

„Ehm ... o.k. ... ja, gut ... Das heißt, ich habe einen Ordnungsteufel in mir, der ein bißchen mehr Raum und Freiheit brauchen könnte?"

„Ja ... Deine Fähigkeit, Dinge systematisch zu ordnen, ist ja gut ... aber übertreib's nicht ..."

„Ja ... gut ... dann erst mal Danke für Deinen Hinweis!"
„Bitte."
„Ho!"

24. Der Teufel und die Qliphoth

In der jüdischen Mystik ist der Lebensbaum das zentrale Symbol. Er stellt die Welt als ein organisches Gebilde, das zugleich Einheit und Vielheit, also Gott und Welt ist, dar. Die Struktur dieses Lebensbaumes läßt sich in allen Dingen vom Aufbau eines Staubsaugers über den Aufbau einer Zelle bis hin zu der Grundstruktur eines Staates wiederfinden – aber die detaillierte Darstellung dieser Möglichkeiten würde zuviel Raum in diesem Buch einnehmen (bei Bedarf siehe meine Bücher „Blüten des Lebensbaumes I, II, III).

Der kabbalistische Lebensbaum ist im Grunde eine sehr schlichte Struktur:

- Ihr Grundprinzip ist die Einheit als Ausgangspunkt und die Vielheit als Ergebnis und dazwischen ein Entwicklungsschritt bzw. die Differenzierung der Einheit zur Vielheit.

- Der mittlere Schritt dieses „Dreischritts" (der Entwicklungsschritt) wird noch einmal in drei Schritte differenziert – dadurch entstehen die fünf Bereiche auf dem Lebensbaum, die auch „Mittlere Säule" genannt werden. Sie werden durch die vier Übergänge voneinander getrennt.

- Schließlich werden diese drei mittleren Schritte dann noch einmal jeweils in drei Schritte unterteilt. Auf diese Weise ergibt sich eine differenzierte, elfteilige Entwicklungsstruktur.

die Herleitung des kabbalistischen Lebensbaums I					
Herleitung			Sephiroth (Bereiche)	Planet (Zuordnung)	Lebensbaum (Graphik)
I	II	III			
1.	1.	1.	Kether	Pluto	
2.	2.	2.	Chokmah	Neptun	
		3.	Binah	Uranus	
		D	Da'ath	Saturn	
	3.	4.	Chesed	Jupiter	
		5.	Geburah	Mars	
		6.	Tiphareth	Sonne	
	4.	7.	Netzach	Venus	
		8.	Hod	Merkur	
		9.	Yesod	Mond	
3.	5.	10.	Malkuth	Erde	

Die Herleitung der Lebensbaum-Graphik läßt sich auch wie folgt darstellen:

die Herleitung des kabbalistischen Lebensbaums II				
1. ein System	2. die erste Differenzierung in die drei Phasen „Ursprung, Entwicklung, Ziel"	3. die zweite Differenzierung der mittleren Phase in jeweils drei Unter-Phasen	4. die dritte Differenzierung der drei Unter-Phasen in jeweils drei Unter-Unter-Phasen	5. die traditionelle Darstellung dieser elf Bereiche als Lebensbaum

Die elf Sphären (Kreise, Bereiche) auf dieser Graphik werden „Sephiroth" genannt, was schlicht „Zahlen" bedeutet – diese Bereiche auf dem Lebensbaum sind offenbar schon immer der Übersichtlichkeit halber durchnummeriert worden.

Die elf Qliphoth sind sozusagen die „Negativ-Sephiroth". Ihr Name bedeutet „Hülle, Schale, Hülse, Schote" – die Qliphoth sind wie die Schale einer Frucht oder einer Nuß, die den Kern schützt. Die Qliphoth werden also ursprünglich das bezeichnet haben, was den Kern der Sephiroth bzw. die Sephiroth selber verhüllt hat.

Die Qliphoth verhüllen Gott, sodaß der Mensch ihn nicht sofort erkennen kann. Diese Vorstellung entspricht der Illusion „Maya" im Hindhuismus, dem Teufel Mara im Buddhismus und der Sünde im Christentum.

In den frühen Beschreibungen der Qliphoth hat es nur vier Hüllen um das Innerste, also um Gott selber gegeben. Das Konzept der zehn Qliphoth, die jede einzelne der elf Sephiroth umhüllen, ist erst sehr viel später entstanden. Es werden nur 10 Qliphoth und nicht elf angeführt, weil die Sephirah Da'ath als unsichtbar galt, da sie die zerstörte Verbindung zwischen Diesseits und Jenseits, zwischen Welt und Paradies und somit allgemein zwischen Gott und Menschen darstellt. Durch diese Zerstörung, in christlichen Begriffen also durch den Sündenfall, sind die Qliphoth als Verhüllung des göttlichen Ursprungszustandes überhaupt erst entstanden.

Es gab in der jüdischen Mystik jedoch auch eine duale Vorstellung, in der Gott das Gute und das Böse erschaffen hat.

Interessanterweise wird in den älteren Schriften das Böse (also die Qliphoth) als eine Emanation der fünften Sephirah Geburah angesehen. Dies ist die Sphäre des Mars, also der Bereich der Kraft, der Aggression, des Kampfes, der Verwandlung, der Sexualität, des Karmas usw. Der Erzengel der Sephirah Geburah ist Samael, der dann später zu Satan wurde.

Das zeigt, daß die Aggression und die Sexualität und die Verwandlung als die zentralen Eigenschaften des Teufels angesehen worden sind – was gut zu den meisten traditionellen Darstellungen des Teufels in den monotheistischen Religionen paßt.

Samael ist der Erzengel der Sephirah Geburah, die der Bereich des Karmas und des Fegefeuers ist. Samael bzw. später Satan ist auch der Ankläger beim Jenseitsgericht, das die Entsprechung im Mittelmeerraum zu dem Karma-Prinzip in Indien ist: Beide sollen die Gerechtigkeit wiederherstellen.

An einer anderen Stelle in den kabbalistischen Schriften heißt es, daß keine Sephirah Gott so sehr gleicht wie Geburah – Samael ist also der Erzengel, der Gott am ähnlichsten ist. Samael stellt durch seine Anklagen und seine Bestrafungen die Gerechtigkeit und die göttliche Ordnung wieder her.

Je nach Weltanschauung kann man das Verhältnis zwischen den Sephiroth und den

Qliphoth recht verschieden auffassen:

- die Sephiroth als den heilen Zustand und die Qliphoth als den kranken Zustand – dann verhüllt der kranke Zustand den in ihm verborgenen heilen Zustand

- die Sephiroth als das Ideal und die Qliphoth als die Angst – dann sind die Qliphoth der Schatten der Sephiroth

- die Sephiroth und die Qliphoth als zwei gleichberechtigte Gegensätze – dann wären sie Gott und Teufel in einem dualistischen Weltbild

- die Sephiroth als das Gute und die Sephiroth als das Böse – das wäre dann vor allem eine Bewertung

Man kann sich nun aussuchen, welche Deutung man bevorzugen möchte: den heilerischen Ansatz (Version 1), den psychologischen Ansatz (Version 2), den skorpionischen Ansatz (Version 3) oder den monotheistischen Ansatz (Version 4). Es gibt natürlich noch mehr Möglichkeiten, das Verhältnis zwischen den Sephiroth und den Qliphoth zu deuten.

Es ist naheliegend, sich die Qualitäten der einzelnen Sephiroth und Qliphoth einmal näher anzuschauen:

Sephiroth und Qliphoth	
Sephiroth	*Qliphoth*
1. Kether („Krone") - Name: Eheieh - Planet: Pluto	1. Thaumiel („Gottes Zwilling") - Name: Satan, Moloch - Planet: Pluto
2. Chokmah („Weisheit") - Name: Jah - Planet: Neptun	2. Ghagiel („Verwirrung von Gottes Macht") - Name: Beelzebub, Adam Belial - Planet: Neptun
3. Binah („Einsicht") - Name: YHVH Elohim - Planet: Uranus	3. Sathariel („Verbergung Gottes") - Name: Lucifuge Rofocale - Planet: Uranus
-. Da'ath („Wissen") - Name: YHVH - Planet: Saturn	-
4. Chesed („Gnade") - Name: Jah - Planet: Jupiter	4. Gha'agsheblah („Menschenfresser") - Name: Astaroth (=Ishtar, Isis) - Planet: Jupiter
5. Geburah („Stärke") - Name: Elohim Gibor - Planet: Mars	5. Golachab („die alles Verbrennenden") - Name: Asmodäus - Planet: Mars
6. Tiphareth („Schönheit") - Name: YHVH Eloah va-Da'ath - Planet: Sonne	6. Thagirion („die Kummer bereiten") - Name: Belphegor - Planet: Sonne
7. Netzach („Sieg") - Name: YHVH Tzabaoth - Planet: Venus	7. A'arab Zaraq („Raben der Gottesverbrennung") - Name: Ba'al, Tubal-Kain - Planet: Venus
8. Hod („Glanz") - Name: Elohim Tzabaoth - Planet: Merkur	8. Samael („Gottes Trostlosigkeit") - Name: Adramelech - Planet: Merkur
9. Yesod („Fundament") - Name: Shaddai el-Chai - Planet: Mond	9. Gamaliel („Gottes Verunreinigung") - Name: Lilith - Planet: Mond
10. Malkuth („Königreich") - Name: Adonai ha-Aretz - Planet: Erde	10. Nehemoth („Nachtgespenster") - Name: Nehema - Planet: Erde

Einmal davon abgesehen, daß diese 10 Qliphoth ein recht neues Konzept sind, gibt es nur wenig mehr Informationen über sie als ihre Namen, die lediglich zeigen, daß sie die Schattenseiten der Sephiroth sind. Somit hilft die Betrachtung der Qliphoth bei der Erforschung des Wesens des Teufels nicht viel weiter …

Man kann natürlich auch aus dem Wesen der Sephiroth das Wesen der Qliphoth als deren Störung ableiten. Das wäre dann:

- Sephiroth Kether: Einheit
- Störung (Qliphoth Thaumiel): Nicht-Erkennen der Einheit

- Sephiroth Chokmah: ungehinderter Selbstausdruck
- Störung (Qliphoth Ghagiel): behinderter Selbstausdruck

- Sephiroth Binah: Gemeinschaft
- Störung (Qliphoth Sathariel): Isolation

- Sephiroth Da'ath: Kontinuum
- Störung (Qliphoth): Angst vor der Auflösung der eigenen Abgrenzung

- Sephiroth Chesed: Gesamtorganisation
- Störung (Qliphoth Gha'agsheblah): Störung in der Organisation

- Sephiroth Geburah: Kraft
- Störung (Qliphoth Golachab): Gewalttätigkeit

- Sephiroth Tiphareth: Identität
- Störung (Qliphoth Thagirion): Selbst-Ungewißheit

- Sephiroth Netzach: Fühlen
- Störung (Qliphoth A'arab Zaraq): Gefühlsblockaden

- Sephiroth Hod: Erkenntnis
- Störung (Qliphoth Samael): Irrtümer

- Sephiroth Yesod: Lebenskraft
- Störung (Qliphoth Gamaliel): Traumas

- Sephiroth Malkuth: Körper
- Störung (Qliphoth Nehemoth): Krankheit

Die Qualitäten der Qliphoth in dieser Übersicht entsprechen den Qualitäten des Teufels, die schon in früheren Betrachtungen angeführt worden sind.

24. Traumreise zum Teufel

„Findest Du, Teufel, daß ich die Qliphoth verstanden habe? Oder fehlt da noch etwas Wichtiges?"

„Wenn Du ein Systematisierungs-Freak bist, dann sind die Qliphoth hilfreich – ansonsten ist es weitaus sinnvoller, bei Dir selber anzufangen und Dich zu fragen, was Dein persönlicher Teufel ist, was Dein Schatten ist – oder was gerade der kollektive Teufel, der kollektive Schatten ist."

„Ja ... das leuchtet ein ... ... Kannst Du mir denn noch etwas zu dem kollektiven Schatten sagen?"

„Verhalte Dich anders als es Dir Deine Angst sagt – verhalte Dich so, wie es Dir Dein Herz sagt."

„Hm ... ja ... für den 'Weg des Herzens' ist oftmals Mut notwendig ... und Mut gehört zum Mars und Mars ist die Sephira Geburah und Geburah ist der Bereich des Fegefeuers, des Karmas, der Verwandlungen ... und die Heimat des Erzengels Samael, aus dem dann Satan geworden ist ... man braucht also Mut, weil man Angst vor dem Teufel hat ...

Und warum heißt es im Sepher Yezirah, daß Geburah dem Wesen von Kether, also der Einheit, am ähnlichsten ist?"

„Geburah ist das Tun, die Verwandlung – das ist das, womit Du in der Welt bist. Da passiert was. Da ändert sich was. Da bist Du wirklich ganz im Hier und Jetzt."

„So wie Goethe sagt: 'Am Anfang war die Tat.' ... oder wie es Heraklit formuliert hat: 'Der Krieg ist der Vater aller Dinge.' ... Ist der Teufel somit tatsächlich vor allem ein Mars-Dämon?"

„Wenn Geburah der vollkommenste Ausdruck der Einheit von Kether ist, dann muß der Geburah-Teufel auch der 'vollkommenste Ausdruck des Teufels' sein, also der wichtigste und einflußreichste und daher auch der bekannteste ... und was ist schlimmer als Gewalt, Mord, Vergewaltigung, Krieg und derlei Dinge mehr? ... oder im Jenseits dann das Erleben des Karmas oder des Fegefeuers – also die beiden Varianten des Jenseitsgerichts?"

„Dann ist der Mars-Teufel nicht nur für mich so bedrohlich gewesen, weil ich eine Mars-Blockade gehabt habe, sondern auch weil der Mars-Teufel generell der stärkste und einflußreichste Teufel ist?"

„Wer könnte mehr Macht haben als der Teufel des Hasses?"

„Hm ... ja ... nichts richtet mehr Schaden an als der Haß ... ... Ich habe nicht damit gerechnet, daß der Teufel einen 'Charakter-Schwerpunkt' hat – ich habe gedacht, es gibt einfach die vielen polaren Abweichungen von den heilen Zuständen ... aber der Haß ist tatsächlich das zerstörerischste Element ... und er ist beim Skorpion am heftigsten, weil der Skorpion generell am heftigsten ist ..."

„Hitler war Stier mit Waage-Aszendent ..."

„Hm ... o.k. ... aber Napoleon war Löwe mit Skorpion-Aszendent ...“

„Aber auch Stalin oder Goebbels hatten keinen Skorpion-Aszendent ... Reduziere den Teufel nicht auf den Skorpion!“

„Das tue ich doch gar nicht! Mir fällt nur immer wieder auf, daß das eine oder andere Merkmal des Teufels, also von Dir, zu dem Sternzeichen Skorpion paßt – vor allem zum Skorpion-Aszendenten.“

„Das liegt daran, daß der Skorpion polarisiert und daß er immer möglichst intensiv lebt – und der Teufel ist eine Polarisierung und ein intensives Bild. Zudem ist der Skorpion das Mars/Pluto-Zeichen – und der Pluto entspricht Kether und Mars entspricht Geburah. Somit wird der Teufel skorpionisch dargestellt und er sieht oft aus wie ein Mann mit Skorpion-Aszendent, aber das heißt nicht, daß sich nur Menschen mit Skorpion-Aszendent wie Teufel verhalten können.“

„O.k., die Argumentation leuchtet mir ein. ... ... Danke, Teufel.“

„Bitte.“

„Ho!“

25. Der Teufel im Tarot

Die 15. Tarotkarte dürfte die bekannteste Darstellung des Teufels sein. Da sie zusammen mit den anderen 77 Tarotkarten erscheint, hat dieses Bild ein wenig dazu beigetragen, den Teufel zu „einem Bild unter vielen anderen" werden zu lassen, d.h. ihn ein Stück weit zu integrieren.

Mittlerweile ist sogar mal ein Artikel über diese Karte in der Frauenzeitschrift „Brigitte" erschienen, was deutlich zeigt, daß die Angst vor dem Teufel doch schon deutlich weniger geworden ist …

Die Darstellung des Teufels orientiert sich oft an der klassischen Darstellung des Teufels Baphomet von Eliphas Levi. Baphomet soll angeblich von den Templern verehrt worden sein.

Am bekanntesten ist das Rider/Waite-Tarot von 1910, an dem sich die meisten späteren Tarot-Versionen orientiert haben.

Der Teufel im Tarot

Baphomet   Rider/Waite

Die Tarot-Karte „Der Teufel" hat eine vielschichtige Bedeutung:

- Der Teufel ist das, was man fürchtet – er ist der eigene Schatten.

- Der Teufel ist der kollektive Schatten.

- Der Teufel hat die Beine, den Kopf und die Hörner eines Ziegenbocks – er ist Pan, der in diesem Zusammenhang meistens als die ungezügelte Sexualität verstanden wird.

- Der Mann und die Frau haben Hörner und einen Schwanz und sind an den Sitz des Teufels gefesselt: Sie sind „Tiere" und sind in den Instinkten und in der Sexualität, die der Teufel (aus christlicher Sicht) repräsentiert, gefangen.

- Der Teufel hat manchmal Frauenbrüste, d.h. er ist ein Zwitter, ein Mann/Frau-Mischwesen.

- Er zeigt mit dem rechten Arm nach oben und mit dem linken Arm nach unten. Diese Geste findet sich bereits vor 25.000 Jahren in der späten Altsteinzeit und auch vor 12.000 Jahren zu Beginn der Jungsteinzeit in den Tempeln von Göbekli Tepe bei den Darstellungen der Muttergöttin. Diese Geste ist recht sicher ein Hinweis auf das Diesseits und das Jenseits, auf Körper und Seele. Im Zusammenhang mit dem Teufel kann man diese Geste auf verschiedene Weise deuten: als Hinweis auf das Jenseitsgericht, auf die Magie, auf den Einflußbereich des Teufels usw.

- Die Inschrift „solve et coagula" auf seinen Unterarmen bei der Baphomet-Darstellung sind der Leitspruch der Alchemie: „lösen und binden". Damit sind die beiden Phasen einer Verwandlung gemeint. Im christlichen Sinne wäre das ein Hinweis auf den Tod und das Jenseitsgericht.

- Die Haltung der Hände in der Schwurgeste zeigt, daß das Dargestellte wichtig und verläßlich ist.

- Die Flügel weisen darauf hin, daß er ein Engel ist. Das Ersetzen der Federflügel durch Fledermausflügel kennzeichnet ihn als gefallenen, also abtrünnigen Engel.

- Das Pentagramm auf der Stirn ist, wenn es mit einer Spitze nach oben steht, die Herrschaft des Geistes über den Körper – wenn es mit einer Spitze nach unten weist, symbolisiert es die Gefangenschaft des Geistes im Körper. Man kann beides auch als Inkarnation in die Welt (Spitze nach unten, „coagula") und als Erlösung/Erleuchtung/Paradies (Spitze nach oben, „solve") auffassen.

- Der Hermesstab zwischen den Beinen ist die Kundalini, die in der Sushumna (gerader Stab) sowie in Ida und Pingala (zwei Schlangen) aufsteigt. Die Kundalini ist der sicherste Weg, um dem eigenen Schatten und somit dem persönlichen Teufel zu begegnen und ihn zu integrieren.

- Das Zentrum des „Kreises mit Schuppen" auf dem Bauch des Teufels liegt vermutlich im Wurzelchakra – von dort aus steigt die Kundalini auf.

- Die Fackel mit den drei Spitzen auf dem Kopf ist vermutlich die aufgestiegene Kundalini. Die drei Spitzen könnten die Dreieinigkeit sein. Die nach unten weisende Fackel ist ein Symbol für die Inkarnation durch die Sexualität.

- Die Kugel bzw. der Erdboden ganz unten ist die Erde – das Diesseits.

- Der Würfel oder der doppelte Würfel (die Höhe ist doppelt so groß wie die Länge und die Breite), auf dem der Teufel sitzt, ist ein Symbol für den Altar oder den Lebensbaum (der doppelte Würfel hat 10 Quadrate als Oberfläche – der Lebensbaum hat zehn Sephiroth (plus Da'ath)).

- Die schwarze und die weiße Mondsichel sind wie der Alchemisten-Spruch „solve et coagula" und wie die Haltung der Arme ein Hinweis darauf, daß sich alles in Polaritäten und somit in Zyklen bewegt.

- Der schwarzer Hintergrund weist darauf hin, daß sich der Teufel im Schattenbereich befindet.

Es fällt auf, daß hier die Symbolik des Anklägers, des Folterers und Henkers, sowie die des Rebellen fehlen. Im Mittelpunkt steht die Sexualität und damit verbunden der Zyklus von Geburt und Tod, sowie der Gegensatz von Trauma-Bildung und Erleuchtung.

25. Traumreise zum Teufel

„Findest Du meine Deutung passend, Teufel?"
„Die Bilder hast Du gut gedeutet."
„Hm ... und die Bilder – sind die passend, um Dein Wesen zu beschreiben?"
„Ein bißchen verkopft und philosophisch ... zumindestens der Baphomet ..."
„Da höre ich innerlich meinen Zauberlehrer Axel laut protestieren ... der sieht das gar nicht so ... Der sieht da die Kundalini, die Verbindung von Licht und Schatten, das ewige Rätsel ..."

„Das paßt doch auch zu ihm, oder?"

„Ja, das paßt schon ... ... mir ist aufgefallen, daß Du sozusagen mein Adi-Guru, also mein Wurzel-Guru bist: Axel hat mich die Grundlagen der Magie gelehrt, und er selber ist durch die beiden Tarotkarten 'Tod' und 'Teufel' zur Magie gekommen ..."

„Was willst Du damit sagen?"

„Das war eigentlich mehr als Anekdote gemeint ..."

„Das ist noch ein Teil Deines Schattens: Es fällt Dir schwer, das Wesentliche zu erkennen und Dich wirklich ganz darauf auszurichten ..."

„Ich habe auch Freude an der Vielfalt ..."

„Und Du läßt Dich nur allzuoft durch die Vielfalt von Deinem roten Faden ablenken."

„Hm ..."

„Es spricht nichts gegen die Freude an der Vielfalt ... aber wenn Du heil werden willst und dafür die Kundalini-Meditation ausgewählt hast und dann Bücher über das Heilwerden schreibst und dafür dann Deine Meditationen vernachlässigst – ist das effektiv?"

„Nein ... das ist es nicht ... das habe ich auch schon gemerkt ... aber manchmal ist es nicht so einfach, immer klar ausgerichtet und auf dem effektivsten Weg zu bleiben ..."

„Ich werfe Dir das nicht als 'Ankläger' vor – ich weise Dich nur darauf hin, daß Du manchmal nicht das tust, von dem Du weißt, daß es Dich dahin bringt, wo Du hinwillst."

„Ist das die Funktion des Teufels? Die Bewußtmachung, daß man von dem selbstgewählten Weg abgewichen ist?"

„Es ist nicht meine Funktion – ich bin der, der ich bin. Ich bin keine Funktion und ich existiere auch nicht, weil ich eine Funktion habe. Aber wenn Du es willst, kannst Du mich in dieser Funktion nutzen."

„Ich wundere mich gerade, daß das, was Du sagst, gerade so klingt, wie manches in dem Buch 'Gespräche mit Gott' ..."

„Alles, was aus dem Bereich der Gottheiten kommt, klingt ähnlich, weil es aus unbehinderter Einsicht geboren wird – in dem Bereich der Gottheiten gibt es keine Abgrenzungen und folglich auch keine Einschränkungen der Einsichten."

„Hm ... ja ... nur ist das für mich im Zusammenhang mit dem Teufel noch immer ungewohnt ... ich meine, den Teufel als ganz 'normale' Gottheit anzusehen ..."

„Du kommst dem näher – und das tut Dir ausgesprochen gut."

„Ja, das stimmt. Vielen Dank!"

„Bitte."

„Ho!"

26. Der Teufel und die Schwarze Magie

Eigentlich gibt es keine Schwarze Magie und genauso wenig Weiße Magie – es gibt natürlich Magie, aber Magie an sich ist genauso neutral wie ein Hammer. Man kann mit dem Hammer jedoch auf einen Nagel schlagen oder auf einen Kopf – der Unterschied entsteht erst durch die Art der Verwendung des Hammers bzw. der Magie. Die Techniken in der Magie sind überall dieselben – nur eben nicht die Motivationen, auf Grund derer man Magie verwendet.

Dazu kommt noch, daß Magie mit vollkommen „böser" Motivation genauso selten ist wie Magie mit vollkommen „guter" Motivation. Daher findet man in der Regel nur „graue Magie" – mal ein bißchen mehr hellgrau, mal ein bißchen mehr dunkelgrau …

Die Magie an sich ist neutral, aber die angewandte Magie ist genauso hell oder dunkel wie die Menschen, die sie benutzen. Daher gibt es auch keine „Teufels-Magie" und keine „Gottes-Magie", sondern eben nur Magie in verschiedenen Zusammenhängen.

Natürlich gibt es innerhalb einer bestimmten Zivilisation, Kultur, Religion oder sonstigen Gruppe eine mehr oder weniger große Einigkeit darüber, welche Verwendung der Magie man als „Schwarze Magie" bezeichnen würde – aber das sagt vor allem etwas über die Ethik und die moralischen Prinzipien und allgemein den Verhaltenskodex in dieser Gemeinschaft aus.

Da der Teufel das Ungewollte und das unerwünschte Verhalten innerhalb einer Gemeinschaft ist, kann man natürlich sagen, daß der jeweils als „Schwarze Magie" bezeichnete Anwendungsbereich der Magie die „Magie des Teufels" ist. Es ist daher auch nicht verwunderlich, wenn die Schwarze Magie mit dem Teufel assoziiert wird, angeblich von ihm ausgeübt wird, daß er Menschen zu Schwarzer Magie verführt, daß der Teufel in der Schwarzen Magie als Helfer angerufen wird, daß er in der Schwarzen Magie als Gottheit verehrt wird usw.

Natürlich ist die Magie als die Fähigkeit, auf nicht-physikalische Weise Wirkungen hervorzurufen, besonders verdächtig, vom Teufel und von den Teufels-Anbetern ausgeübt zu werden. Schließlich sind die Motivationen dieser Teufels-Anbeter per Definition böse und böse Handlungen stehen unter Strafe. Da man Magie bei weitem nicht so einfach nachweisen kann wie eine physische Handlung, liegt es nahe, daß die Teufels-Anbeter für ihre „bösen" Ziele Magie benutzen (oder ihnen dies zumindestens nachgesagt wird), um nicht von den „Guten" erwischt, überführt und bestraft zu werden. Dadurch hat die Magie tendenziell eine Verbindung mit dem Untergrund, mit dem Verborgenen, mit dem Verdrängten, mit den Gesetzesbrechern, mit den Verbrechern, mit den Rebellen, mit dem Schatten und somit auch mit dem Teufel.

26. Traumreise zum Teufel

„Habe ich da etwas Wesentliches übersehen, Teufel?"
„Nein."
„Ja ... gut ... Danke! ... ... Ho!"

27. Die Schwarze Messe

Eine Schwarze Messe beruht, wie der Name schon sagt, auf der christlichen Messe. Sie ist jedoch „schwarz", d.h. von der üblichen „lichtvollen" und daher „Weißen Messe" in ihr Gegenteil, d.h. in eine „Schwarze Messe" verkehrt worden.

Dies zeigt sich auch ganz konkret in dem Aufbau einer Schwarzen Messe:

- Das Kreuz wird auf den Kopf gestellt.

- Das Pentagramm wird mit der Spitze nach unten verwendet. (Das Pentagramm ist natürlich kein christliches Zeichen, aber das Pentagramm mit einer Spitze nach unten ist eine anti-christliche Symbolik.)

- Das Vaterunser wird rückwärts gelesen.

- Anstelle von Jesus Christus wird der Teufel angerufen.

- Auf dem Altar liegt statt einer Hostie und dem Abendmahlskelch eine nackte Frau.

- An die Stelle des Essens der Hostie und des Trinkens des Weins tritt der Sex der Ritual-Teilnehmer mit der Frau.

Diese Grundstruktur der Schwarzen Messe kann noch nach Belieben durch allerlei Ergänzungen in demselben Stil erweitert werden.

Eine Schwarze Messe ist daher eine Anti-Messe und der Teufel, der in ihr angerufen wird, ist wörtlich ein Anti-Christ. Der Bezugspunkt bleibt folglich das Christentum. Die Teilnehmer einer Schwarzen Messe sind somit sehr stark auf das Christentum bezogen, aber sie lehnen es ab und drücken dies eben durch die Schwarze Messe aus.

Die „Weiße Messe" und die „Schwarze Messe" sind zwei Gegenpole, die einander ausgesprochen feindlich gesonnen sind und die den jeweils anderen Pol für das „Böse" halten – 'böse' im Sinne dessen, was die Teilnehmer dieser beiden Arten von Messe selber vehement ablehnen.

Hier ist eine kurze Betrachtung eines anderen Themas notwenig:

Wenn man sich die Vorgänge bei einer Heilung näher anschaut, kann man feststellen, daß fast immer eine bestimmte Dynamik zu finden ist, die aus mehreren Schritten in so gut wie immer derselben Reihenfolge besteht:

- Eine Person ist in einem bestimmten Verhaltensmuster, z.B. in der Rolle des Opfers gefangen. Diese Person lehnt die Rolle des Täters als die Quelle allen Übels vehement ab – der Täter ist für sie der Teufel.

- Die Person sieht ein, daß Opfer und Täter die beiden Extreme derselben Polarisierung sind: die ursprüngliche Kraft ist zu Macht geworden, wobei der Täter nach immer mehr Macht strebt und das Opfer jegliche Macht vermeidet. Dadurch kann die Person die gegenseitige Abhängigkeit von Täter und Opfer erkennen.

Dies ist das „schauen".

- Die Person findet entweder den Mut, auch selber einmal Täter zu werden, oder sie wird ungewollt zum Täter, wenn ihr eigene verdrängte Wut aus ihr hervorbricht. Dadurch erlebt sie den Gegenpol zu ihrer Opfer-Rolle auch einmal ganz konkret: sie wechselt zeitweise in die Täter-Rolle.

- Wenn diese Person oft genug zwischen der Opfer-Rolle und der Täter-Rolle hin und her gewechselt ist, kann sie das Verhalten des Täters auch ganz bewußt erleben und nach und nach löst sich das schwarz/weiß-Bild auf, das sie zuvor von Opfer und Täter gehabt hat. Sie kann nun beide als Leidtragende erkennen, deren Charakter sich aus der Biographie der beiden ergeben hat.

Dies ist das „fühlen".

- Mit der Zeit beruhigen sich die Opfer-Gefühle in dieser Person, weil sie des öfteren auch die Rolle des Täters einnimmt. Dadurch weicht immer mehr Druck aus diesen beiden Rollen, sodaß sowohl die Opfer-Rolle als auch die Täter-Rolle schrumpfen: Die Verhaltensweisen in diesen beiden Rollen werden immer weniger extrem. Das Verhalten nähert sich allmählich der Mitte zwischen diesen beiden Polen an.

- Schließlich gelangt die Person zurück zu ihrer eigenen Mitte – sie ist dann kein Opfer mehr und auch kein Täter, sondern sie ist einfach stark und ruht in sich selbst. Aus der Macht des Täters und der Ohnmacht des Opfers ist dann wieder die Kraft des souveränen Menschen geworden.

Das ist das „umarmen".

Somit kann die Schwarze Messe ein notwendiger und richtiger Schritt auf dem Weg der Heilung einer Fixierung auf das Christentum oder aus der Rolle des „Opfers des Christentums" heraus sein.

Die Schwarze Messe wird mit ziemlicher Sicherheit jedoch nicht der Endpunkt einer Heilung oder allgemeinen weltanschaulichen Entwicklung sein – schließlich ist die Schwarze Messe vor allem das Gegenextrem zur normalen „Weißen Messe". Der Endpunkt einer Heilung ist durch die drei heilen Grundqualitäten Fülle, Kraft und Selbstliebe geprägt. Das kann dann die verschiedensten Formen annehmen – ein freies Christentum, Zen, Schamanismus, Pan-Kult, Wicca oder was auch immer …

27. Traumreise zum Teufel

„Hallo Teufel – habe ich aus Deiner Sicht alles erkannt, was für die Schwarze Messe von Bedeutung ist?"

„Du beschreibst das ziemlich ruhig und sachlich, aber die Gefühl der Menschen bei diesem Thema sind in der Regel ziemlich heftig ..."

„Hm ... was wäre denn dann ein angemessenerer Umgang mit diesem Thema?"

„Den Lesern zu empfehlen, an einer Schwarzen Messe teilzunehmen?"

„Ich habe gesehen, wie Du gegrinst hast, während Du das gesagt hast! Aber Du hast natürlich ein bißchen recht damit – wenn man das erleben will, sollte man es tun ... und danach hat man eine klarere Meinung dazu ... Ich hatte, als ich vor Jahren mal auf Burg Lockenhaus zusammen mit anderen ein Magie-Seminar gehalten habe, die Möglichkeit, dort an einer Schwarzen Messe teilzunehmen, aber ich habe das abgelehnt – ich habe keinen Sinn darin gesehen, daran teilzunehmen ... ich habe zum Christentum ein recht entspanntes Verhältnis und genauso zu vielen anderen Religionen ... Daher hätte die Teilnahme an einer Schwarzen Messe für mich keinen Nutzen gehabt ..."

„Du hattest vorhin noch eine Idee ..."

„Ja: Christus zu einem Gespräch zu dritt einzuladen ..."

„Und?"

„Ich dachte, das paßt besser zu dem nächsten Kapitel ..."

„Hör doch endlich auf, Dein Buch in den Vordergrund zu stellen – folge stets dem, was am wichtigsten ist! Du hast ja auch schon in diesem Kapitel hier das Prinzip der Heilung einer Polarisierung beschrieben, obwohl das Deinem Konzept nach eher zu dem folgenden Kapitel gehört hätte. ... Also mach schon!"

„Ja, gut ... Du hast ja recht ... ... Ich spüre, daß ich fast noch mehr Hemmungen habe, Christus in diese Traumreise einzuladen, als ich gehabt habe, Dich, Teufel, einzuladen ..."

„Tja – wenn ihr ein angespanntes Verhältnis zum Teufel habt, habt ihr meist auch ein angespanntes Verhältnis zu Christus, wenn ihr Christen seid, oder zu Moses, wenn ihr Juden seid, oder zu Mohammed, wenn der Islam eure Religion ist ..."

„Also gut ... ... Christus – magst Du zu uns kommen in diese Traumreise?"

Christus: „Ja gerne."

... ... hm ... die beiden grüßen sich freundlich ... ...

Christus: „Warum denn auch nicht? ... Wir kennen uns schon lange ... Und für die Feindschaften seid ihr Menschen zuständig ... Es gibt im Bereich der Gottheiten keine Feindschaften ... Dazu müßte es Abgrenzungen geben ... und die gibt's hier nicht ..."

Ich: „Hm ... das ist jetzt aber eine sehr schlichte und direkte Erklärung ... aber sie entspricht vollständig dem, was ich bisher mit Gottheiten erlebt habe ... ja ... und

125

auch das, was andere mir bisher über ihre Erlebnisse mit Gottheiten erzählt haben ...
... ... Feindschaften unter Göttern gibt's also nur in unseren Mythen und in unseren
Religionen, aber nicht unter den Göttern selber – schau einer an ... ...

Jetzt sollte ich wohl die weisen Fragen stellen, wenn ich jetzt hier schon mit euch
beiden zusammen bin ... aber eigentlich ... wenn ich euch da so nebeneinander sehe
... fallen mir eigentlich keine Fragen mehr ein ... Könnt ihr mir etwas dazu sagen?"

... ...

Teufel: „Ja – schau Dir mal Christus an ... fällt Dir irgendwas an seinem Lebenslauf auf ..."

Ich: „Naja, das Krasseste ist die Kreuzigung ... und die Kirche stellt überall diese
Kruzifixe, diesen Tod dar ... drastischer kann man die Haltung des Opfers ja eigentlich gar nicht mehr darstellen ... und dann diese Symbolik von Opferlamm und
'Lamm Gottes' und so ... das ist alles nicht allzu kriegerisch und das hat alles nicht
allzuviel Biß, ne ... hm ... ..."

Christus: „Ja ... und wenn Du Dir den Teufel anschaust?"

... ...

Ich: „Der ist das Modell des Täters ... der ist böse, der ist aggressiv, der ist heftig
emotional ... ... hm – schau einer an ... das habe ich ja noch nie in Kombination
betrachtet ... ... Wie sieht denn dann der heile Zustand aus??? ... ... tja ..."

Christus: „Du hast da doch so'n Ritual entwickelt, wie Du zwei polarisierte Bilder
wieder miteinander vereinen kannst – so wie Du das in Deinem Ritual zu dem Bezie-
hungs-Mandala machst ..."

Ich: „ Uff! ... Das soll ich jetzt ... mit euch machen? ... ..."

Christus: „Warum denn nicht?"

... ...

Ich: „Uff! ... Das fühlt sich jetzt aber oberheftig an! ... ... Ich soll chrsitus und
den Teufel ineinander auflösen und verwandeln? ... ... ja ... gut ... also ..."

... ...

Ich stelle jetzt hier vor mich einen Würfel ... auf der Oberseite des Würfels ist eine
kleine, flache, runde Vertiefung ... und darauf steht jetzt ein großes, gläsernes, halb-
durchsichtiges Ei ... so wie die Alchemisten das benutzen, um die beiden Urgegen-
sätze Sulphur und Mercurius miteinander zu vereinen ...

Das Glas-Ei läßt sich öffnen ... und ich bitte jetzt Christus und den Teufel, nun
beide in dieses Glas zu gehen, sich da hineinzusetzen ... ... das machen die auch
... ... Christus lacht, weil er mit seinem Heiligenschein oben an das Glas stößt,
und der Teufel lacht, weil er offenbar seinen langen Schwanz da noch irgendwie mit
hineinkriegen muß, damit man das Glas veschließen kann ... ...

Ehm ... ja ... gut ... also ... ... dieser Würfel mit dem Glas-Ei ist der Athanor der
Alchemisten, also der alchemistische Ofen ... da drin wird nichts auf physikalische
Art geschweißt oder auf chemische Weise gekocht, sondern etwas auf biologische

126

Weise ausgebrütet ...

Ich rufe jetzt die Kundalini aus der Erdmitte, aus dem Eisen/Nickel-Kern der Erde, der ihr Wurzelchakra ist, empor ... damit das Kundalini-Feuer aufsteigt ... in dieses Glas-Ei hinein ... und das, was in dem Glas-Ei ist ... mit Lebenskraft erfüllt ... mit so viel Lebenskraft, daß sich alle ... erstarrten Formen, alle extremen Formen, alle verzerrten Formen, alle Krämpfe, alle Traumata – das sind ja sozusagen psychische Krämpfe ... wieder auflösen ... damit das, was darin ist, ausgebrütet wird ...

Gut – das mach ich jetzt ... ... ich spreche dafür innerlich das Wort 'Feuer' als Mantra so wie bei meinen Kundalini-Meditationen ... das unteren Ende des Eies ist sozusagen sein Wurzelchakra und das obere, spitzere Ende ist das Scheitelchakra von diesem Ei ... ...

Ich sehe eine Bewegung in diesem Ei ... aber erstaunlich wenig ... sehr viel weniger als wenn ich einen normalen Gegensatz auflöse ... da gibt es sonst geradezu einen Kampf der beiden Pole gegeneinander, die sich gegenseitig zerstören und auflösen ... so wird das ja auch in der Alchemie beschrieben ... ...

Hm ... vielleicht mehr Lebenskraft-Feuer? ... mal schauen ... ... gut – jetzt merk ich, da tut sich was ... aber es ist immer noch erstaunlich, wie wenig Bewegung da ist ... das ist geradezu so, als ob Christus und der Teufel beide ... die Auflösung geradezu wünschen würden ...

Wenn man z.B. das eigene verzerrte Männerbild heilt, hat man da z.B. den Süchtigen und den Asketen und die kämpfen heftig miteinander und töten und zerstückeln sich gegenseitig – das ist hier nicht der Fall, da ist kein Kampf ... ...

Es wird auch nicht so dunkel in dem Ei wie ich das sonst kenne, also ... das, was man so 'caput corvi', die Rabenkopf-Phase bei den Alchemisten nennt ... wo sich die Gegensätze gegenseitig vollkommen aufgelöst haben ... und sozusagen nur noch schwarzer Kompost übrig ist ... ich mach mal weiter mit der Kundalini ... ...

Jetzt ist die Farbe einheitlich geworden ... ich seh es mal als schwarz und mal als grau ... hm ... eigentlich ist hier schwarz üblich – deshalb heißt es auch 'Rabenkopf' – aber vielleicht seh ich hier grau, weil das die Mitte zwischen dem Weiß von Christus und dem Schwarz des Teufels ist ...

Dann ... rufe ich jetzt das Himmelslicht ... also Bindhu ... das, was man in den indischen Upanishaden 'die Himmelskuh melken' nennt ... dieses gleißend-weiße Licht von oben rufe ich ... in dieses Ei hinein ... also das Kundalini-Feuer aus der Erde strömt von unten her durch das Wurzelchakra des Eies in das Ei hinein, und das weiße Licht vom Himmel durch die Spitze des Eies, also durch das Scheitelchakra des Eies in das Ei hinein ... das Feuer löst die alten Formen auf und das Licht erinnert das Aufgelöste an die ursprüngliche, heile Form ...

Und während ich das alles erzähle, passiert hier schon ganz viel ... ... hm ... ich höre innerlich den Namen 'Adam Kadmon' ... das ist in der Kabbala der Name für den ursprünglichen, heilen Menschen bzw. für den wieder heil gewordenen Menschen ... für den Erleuchteten sozusagen ... ...

Ich rufe noch mal Licht in das Ei hinein – ich hab das Gefühl, das ist noch nicht ganz fertig ... das Himmelslicht erinnert das, was in dem Ei ist, an seine ursprüngliche, heile Gestalt ... ... hm ... ich kann ahnen, wie sich in diesem Grau ... die sieben Hauptchakren bilden ... das sieht echt wunderschön aus ... ziemlich viel Licht und Farbe und vor allem auch ziemlich viel Kraft ... ... hm ... ...

Da bilden sich so was wie Strahlen von der Mitte des Eies nach außen hin, aber das sind jetzt keine Lichtstrahlen, sondern wie ... ja ... so als würde man auf einem Bild mit einem sehr spitzen Bleistift sehr feine Wellenlinien aus Licht von innen nach außen hin malen ... so wie man das auf manchen Buddha-Bildern in der Aura von Buddha findet ... das kenne ich auch aus manchen Visionen – da tauchen manchmal solche Strahlen im Licht auf ...

Was ist das? ... Da war'n Ton – so irgendwo zwischen Gong und Kesselpauke? ... ja, aber irgendwie weicher ... ja, weicher und zugleich komischerweise auch kraftvoller ... So was habe bei diesem Ritual bisher noch nie gehört ... eine magische 'Eieruhr', wenn ich das mal so salopp formulieren darf ...

Ich glaube, das heißt, daß der Inhalt des Eies fertig ist, also ...

Ich: „Wenn Du fertig ausgebrütet bist, Inhalt dieses Eies ... dann öffne das Ei.“
... ...

Ach, da ist jetzt wieder dieser komische Effekt, der manchmal auftritt, wenn ich dieses Ritual mache, daß das Ei einfach wie verschwindet ... das Ei, d.h. die Hülle um den Inhalt, löst sich einfach auf ...

Da ist Nebel, der sich langsam lichtet und da ist eine Gestalt ... das erinnert mich ein bißchen an die Szene aus dem Film 'Age of Ultron', als der Ultron da ganz am Anfang nach seiner Erschaffung aus seiner Kiste herauskam ...

Der steht da jetzt ... diese Gestalt, meine ich ... das ist hauptsächlich 'ne Präsenz ... also da ist wie ein Bewußtsein da ... ich kann die Chakren wahrnehmen ... ich weiß, daß das ein Mensch ist, und das ist ... der Urmensch, der Urriese ja ... den gibt's bei den Germanen als Ymir ... bei den Persern als Yima ... bei den Indern als Yama ... bei den Juden als Adam ... bei den Ägyptern als Atum ... das ist alles dasselbe Urwort ... also nostratisch, d.h. jungsteinzeitlich-mesopotamisch 'Erdom', d.h. 'Erdmensch', 'Erdling' ... das ist auch der chinesische Pan Gu, der Urriese ...

Ich: „Das heißt ... das ist das Urbild des heilen Menschen?“
Urmensch: „Ja.“
... ...

„Kann ich Dich mit einem Namen ansprechen?“
„Nimm 'Pan Gu' ... den kennen bei euch die wenigsten – deshalb ist er recht neutral ... und er ist auch in der chinesischen Mythologie einigermaßen neutral ... d.h.

er ist nicht polarisiert ... außer in Yin und Yang – aber das ist eine andere Polarisierung, das ist Diesseits und Jenseits, Körper und Seele ... "

„Hm ... ... wenn Du das Urbild des heilen Menschen bist ... dann scheint mir, daß es sinnvoll wäre, wenn ich mich mit Dir verbinde, wenn ich mich Dir nähere, wenn Du in mich hineinkommst ... ... "

„Ja ... genau das ist es ... als Urbild bin ich der Ursprung ... Deines Bildes ... ich bin der Ursprung dessen, was ein Mensch ist ... ich bin der Ursprung des Menschenbildes ... "

„Hm ... das ist noch mal eine andere Art der Orientierung als wenn ich meine Seele finde und dann herausfinde, ja, von welchem Meer einer Gottheit meine Seele sozusagen ein Tropfen ist ... und diese Gottheit ist wieder ein Aspekt der Einheit von Kether ... aber Du bist irgendwie noch anders ... Du zeigst mir nicht, was an mir als Mensch das Besondere ist – Du zeigst mir, was an mir als Mensch das Allgemeine ist ... und zwar das heile Allgemeine ... hm – ich bin bisher noch gar nicht auf die Idee gekommen, nach sowas auch nur zu suchen ...

Kannst Du mir sagen, Pan Gu, wann und auf welche Weise für mich die Verbindung mit Dir am sinnvollsten ist? "

„Komm einfach her zu mir – wir werden einfach eins. ... Ich bin natürlich viel größer als Du, weil ich das Urbild aller Menschen bin ... aber wir zwei werden trotzdem eins. "

„Ja, gut, Gottheiten können ja bekanntlich an vielen Orten gleichzeitig sein ... dann kann ich mich ja auch mit Dir vereinen ... und Du bist gleichzeitig auch noch an acht Milliarden anderen Stellen – also bei allen anderen Menschen ... wenn die Menschen Dich sehen ... gut ...

Du kommst immer näher ... ich sehe Dich immer näher vor mir ... wobei ich Dich jetzt wie so'n schwaches Lichtschemen sehe und da drin sehe ich immer noch die sieben Hauptchakren, die da farbig ... hm ... leuchten? ... glitzern? ... ja, es ist was wie so'n 'weiches Glitzern' ... ja, wobei ich anfange, auch die Nebenchakren in den Händen, den Füßen, den Knien zu sehen und so ... und die ganzen Nadis ... die Akupunkturlinien und so, also ... ich sehe sozusagen den Lebenskraftkörper ... den hab ich so ja noch nie gesehen ... "

„Komm her. "

... ...

Ich gehe in ihn hinein ... ja, in dieses licht glitzernde Licht-Schemen mit den farbig leuchtenden Chakren ... ...

Jedes Chakra von Pan Gu rückt an die Stelle, wo bei mir das entsprechende Chakra ist ... und dann ist das, als würde ... ja, ich würde jetzt sagen, als würde da was einrasten, aber das ist nicht mechanisch, sondern organisch ... da fügt sich was zusammen ... verbindet sich ...

Puh! ... Das fühlt sich gut an! ... ... das ist gar nicht so spektakulär, aber es ist

... weit ... aufrichtig, aufrecht ... dicht ... heil ... organisch, plastisch ... elegant ... schön ... hm ... alles Qualitäten der Mitte ... es ist auch 'ne Kraft da, aber die ist ... ja, wie ist die denn? ... gelassen-elastisch ... ja, so könnte man es nennen ...

Ich spüre mein Drittes Auge – da ist dieser leicht pulsierende Druck ... ...

„Ist da ... noch was zu tun?" ...

„Nein ... einfach sein ..."

„Ja, gut ... ehm ... vielen Dank!"

Es kommt ... ja, wie soll ich das jetzt sagen? ... von Pan Gu, aber das heißt ja, auch aus mir selber heraus Fülle, Kraft und Lächeln ... so 'ne Selbstliebe, Wärme, so'n Erfülltsein ...

Ich muß lachen – einfach weil sich das so gut anfühlt ... ...

„Oh – tut das gut! ... Tut das gut! ... Vielen, vielen Dank! ... ... Ho!"

28. Das Dschöd-Ritual

Es gibt kaum Rituale, mit deren Hilfe der eigene Schatten, d.h. der Teufel integriert werden kann. Man kann natürlich aufbauend auf den Sephiroth und Qliphoth des Lebensbaumes eine Vereinigung dieser gut/böse-Gegensätze entwerfen, aber das einzige bekannte traditionelle Ritual dieser Art ist das tibetische Dschöd-Ritual, dessen Name „abschneiden" im Sinne von „das Ego abschneiden" bedeutet – was man heute wohl eher „das Ego auflösen" umschreiben würde.

Dieses Ritual, das ziemliche viele verschiedene Formen haben kann, hat zwei wesentliche Elemente:

- Man sucht Orte auf, die man fürchtet wie z.B. Friedhöfe oder Leichenverbrennungsplätze und bleibt dort längere Zeit und meditiert und schläft dort auch.

- Man bietet den Geistern und Dämonen den eigenen Leib zum Fraß an.

Im Wesentlichen ist man bereit für das, was man am meisten fürchtet: Man ist bereit zu sterben.

Die Ursprünge dieses Ritual liegen in der Einweihungs-Jenseitsreise der Schamanen. In etlichen Kulturen wird beschrieben, wie der Schamane auf seiner Jenseitsreise von Dämonen, Menschenfressern u.ä. getötet, zerstückelt, in einen Kessel geworfen und in ihm gekocht wird. Dabei werden oft zusätzlich entweder Bergkristalle oder Eisenstücke mit in den Kessel geworfen. Anschließend wird der Schamane aus seinem zerstückelten Leib zusammen mit den Bergkristallen bzw. Eisenstücken wieder neu zusammengefügt.

Da die Bergkristalle als Teile des Himmels (sie sind durchsichtig wie die Luft) angesehen wurden und ebenso auch die Eisenstücke (aus den Eisen-Meteoriten schloß man, daß die Himmelskuppel aus Eisen war), war der Leib des Schamanen anschließend zum Teil irdisch und zum Teil „himmlisch", d.h. aus der Substanz des Jenseits.

Derartige Vorgänge kann man auch heute noch in Träumen und auf Traumreisen erleben – auch ohne etwas von dieser Symbolik zu wissen.

Wenn man ein Ritual durchführen will, in dem man etwas Verdrängtes integriert, sollte man sowohl sich selber als auch das Verdrängte symbolisch zerstückeln, gemeinsam in einem Kessel kochen und anschließend wieder zusammensetzen.

Ich selber habe mit ungefähr 28 Jahren geträumt, daß ein „Menschenfresser", der wie ein Neandertaler aussah, mich und auch sich selber zerstückelt und in einen Kessel geworfen und gekocht hat, aus dem wir dann nach einer Weile (als wir „gar" waren) als eine einzige, deutlich heilere Gestalt wieder herausgestiegen sind.

Diese Szenerie ist u.a. durch die Wiedergeburt von „Lord Voldemort" in dem vierten „Harry Potter"-Band wieder bekannter geworden.

Wenn man selber ein derartiges Ritual durchführen will, sollte man schauen, was man integrieren will und die Szenerie des Rituals entsprechend der eigenen Bilderwelt entwerfen. Dieses Ritual und diese Szenerie sollte dem eigenen persönlichen Teufel entsprechen.

Auch die alchemistische Symbolik in der vorigen Traumreise entspricht dieser Symbolik: der Kessel ist eine Variante des alchemistischen Eies.

28. Traumreise zum Teufel

„Möchtest Du noch etwas zu diesem Ritual sagen, Teufel?"

„Macht zuerst eine Traumreise, um eure größte Angst zu finden. Baut dann das Ritual um diese Angst herum auf. Macht das Ritual schlicht und eindrücklich. Nehmt einen Zeugen hinzu und sprecht alle Dinge, die ihr schrecklich findet, aus. Und macht kleine Schritte – es hat keinen Sinn, wenn ihr versucht, euch selber zu traumatisieren, indem ihr Dinge tut, die ihr nicht wirklich tun wollt.

Nehmt nicht einfach an einer Schwarzen Messe teil und geht auch nicht einfach zur Eucharistie in die Kirche, wenn ihr das schrecklich findet. Schaut euch an, warum ihr es schrecklich findet – kümmert euch nicht um die Menschen und Dinge im Außen, die euch zu eurer Haltung gebracht haben, sondern kümmert euch um die Bilder in eurem Inneren – die müssen geheilt werden."

„Du klingst wie ich selber, Teufel ..."

„Ich spreche ja jetzt auch durch Dich und wir haben gerade dasselbe Anliegen – da ist es nicht verwunderlich, wenn Du ähnliche Dinge sagen würdest wie ich sie sage ..."

„Das ist ja geradezu ein Kompliment ..."

„Du kannst es so auffassen, wenn Du willst ..."

„Danke."

„Bitte."

„Ho!"

29. Tabellarischer Lebenslauf des Teufels

Man kann jetzt einen tabellarischen Lebenslauf des Teufels anfertigen, also die Entwicklung seines Charakters darstellen. Für viele Entwicklungen gibt es nur sehr ungefähre Zeitangaben, aber für eine grobe Übersicht reicht das, was über den Teufel bekannt ist, durchaus aus.

Der Lebenslauf der Teufels											
-10000 bis -9000	-9000 bis -8000	-8000 bis -7000	-7000 bis -6000	-6000 bis -5000	-5000 bis -4000	-4000 bis -3000	-3000 bis -2000	-2000 bis -1000	-1000 bis 0	0 bis +1000	+1000 bis +2000
Wildnisgott											
Herdentier-Wiedererzeugungssymbolik											
		Mörder des Korngottes = „Sensenmann"									
		Heyoka (Darsteller der Anti-Richtigkeit)									
							Gott der Anti-Richtigkeit				
							Henker beim Jenseitsgericht				
							Gott der fremden Völker				
								Ankläger beim Jenseitsgericht			
								Herdentier-Gott			
								Rebell			
									Gottes Feind		
									Totenherrscher		
									des Teufels Großmutter		
									Höllenhund		
										Hügelgrab-Hölle	
										Anti-Christ	
										Verführer	
										Sex-Dämon	
											Schatten

Abgesehen von der Rolle des Wildnisgottes, die inzwischen verblaßt ist, weil es auf der Erde nicht mehr allzuviel Wildnis gibt, haben sich alle bekannten Aspekte des Teufels bis in das heutige Teufels-Bild hinein erhalten können.

29. Traumreise zum Teufel

„Findest Du diese Darstellung zutreffend, Teufel?"
„Ergänze noch das Konzept des Schattens – das fehlt noch."

Ich trage es nachträglich in diese Übersicht ein.

„Noch etwas?"
„Nein."
„Dann ist das jetzt sozusagen eine von Dir autorisierte Biographie?"
„Wenn es Dir Spaß macht, das so zu nennen – ja."
„Danke."
„Bitte."
„Ho!"

30.   Sympathy for the Devil

Der Song „Sympathy for the Devil" ist recht sicher die bekannteste „Hymne an den Teufel".

Dieser Song stammt von den Rolling Stones und enthält einige interessante Verse:

Bitte erlaube mir mich vorzustellen,
Ich bin ein wohlhabender Mann mit gutem Geschmack
Ich bin schon viele, viele Jahre lang unterwegs gewesen
Und habe Millionen von Seelen gestohlen

Das Stehlen der Seelen dadurch, daß der Teufel die Menschen zur Sünde verführt, ist etwas, was ihm allgemein vorgeworfen wird.

Und ich war bei Jesus Christus
An dem Tag seines Zweifels und seines Schmerzes
Ich sorgte dafür, daß Pilatus
Seine Hände wusch und Jesus' Schicksal besiegelte

Ich bin erfreut Dich zu treffen,
Ich hoffe, Du errätst meinen Namen
Doch was Dich verwirrt
Ist der Sinn meines Spiels

Dem Rätsel von des Teufels Wesen und Wirken habe ich in diesem Buch auf den Grund zu gehen versucht …

Ich war in St. Petersburg
Und sah, daß es Zeit für eine Veränderung war
Ich tötete den Zar und seine Minister
Und Anastasia schrie vergeblich

Ich fuhr einen Panzer
Ich war ein General
Als der Blitzkrieg tobte
Und die Leichen stanken

Der Teufel verursacht Kriege und Revolutionen und Morde …

Ich bin erfreut Dich zu treffen,
Ich hoffe, Du errätst meinen Namen, oh ja!
Doch was Dich verwirrt
Ist der Sinn meines Spiels, oh ja!

Ich sah mit Freuden zu
Als eure Könige und Königinnen
Jahrzehntelang für die Götter kämpften,
Die sie selbst erschaffen hatten

Die Herrschenden kämpfen für die Ideale, die sie selber erschaffen haben – und erschaffen dadurch einen kollektiven Teufel.

Ich rief laut:
Wer hat die Kennedys getötet?
Doch letztlich
Waren es Du und ich ...

Hier sagt der Teufel, daß nicht er alleine, sondern er und die, die ihm gerade zuhören, die Kennedys ermordet haben – die Menschen erschaffen das Leid und der Teufel ist entweder derjenige, der die Menschen dazu antreibt, oder einfach das Bild in den Menschen von diesem Leid und von diesen Attentaten …

Bitte erlaube mir mich vorzustellen,
Ich bin ein Mann von Wohlstand und Geschmack
Und ich legte Fallen für die Troubadore,
Die getötet wurden, bevor sie Bombay erreichten

Ich bin erfreut Dich zu treffen,
Ich hoffe, Du errätst meinen Namen, oh ja!
Doch was Dich verwirrt
Ist der Sinn meines Spiels, oh ja, nieder mit Dir, Baby!

Dies ist entweder eine Anspielung auf Sex, der ja auch zum Teufel (und zu den Rolling Stones) gehört, oder eine Aufforderung zur Unterwerfung unter den Teufel.

Ich bin erfreut Dich zu treffen,
Ich hoffe, Du errätst meinen Namen, oh ja!
Doch was Dich verwirrt
Ist noch immer der Sinn meines Spiels

Jeder Polizist ist ein Krimineller
Und alle Sünder sind Heilige
So wie der Kopf der Schwanz ist –
Nenn mich einfach Luzifer

Das könnte man so deuten, daß Luzifer hier sagt, daß das, was gut und was böse ist, erst durch den Menschen festgelegt wird – wer oder was der Teufel ist, wird vom Menschen selber bestimmt.

Weil ich etwas brauche, was mich zurückhält,
Zeige ein wenig Höflichkeit
Wenn Du mich triffst
Zeige ein bißchen Sympathie und ein wenig guten Geschmack

Benutze all Deine gut erlernte Höflichkeit
Oder ich werde Deine Seele in Schutt und Asche legen, mm, ja!
Ich bin erfreut Dich zu treffen,
Ich hoffe, Du errätst meinen Namen, mm ja!

Hier findet sich die klassische Bedrohung der Seele …

Doch was Dich verwirrt
Ist der Sinn meines Spiels, mm
Ich mein's ernst, nieder mit Dir!
Woo, woo, oh ja, nieder mit Dir!

Hier wird von Teufel das Niederknien vor ihm, d.h. die Unterwerfung unter seinen Willen verlangt.

Oh ja, ahh ja
Sag mir, Baby, was ist mein Name?
Sag mir, Liebling, kannst Du meinen Namen erraten?
sag mir, Baby, was ist mein Name?

Ich sage es Dir nur einmal: Du bist schuld!
Was ist mein Name?
Sag mir, Baby, was ist mein Name?
Sag mir, Süße, was ist mein Name?

Hier sagt Luzifer noch einmal, daß die Menschen die Schuld tragen und nicht der

Teufel.

Dieses Lied ist erstaunlich gehaltvoll … und es paßt natürlich auch gut zu den Rolling Stones, die das Image der Rebellen gepflegt haben – als Gegensatz zu den Beatles, die die „braven Jungs" gewesen sind.

30. Traumreise zum Teufel

„Tja, Teufel – nun bin ich am Ende dieses Buches angekommen … das ist Deine letzte Chance, noch etwas zu sagen, was dann in dieses Buch kommt …"
„Sag lieber 'die letzte Chance, etwas von mir zu erhalten, was Dein Buch interessant macht' …"
„Na gut …"
„Mañana."
„Mañana … morgen? Soll ich diese letzte Traumreise morgen machen?"
„Ja."
„Ja, gut – dann bis morgen."
„Bis morgen."
„Ho!"

Am nächsten Morgen:

„Hallo Teufel … da ich keine Fragen mehr habe, möchte ich es Dir überlassen, ob Du noch etwas sagen möchtest – und wenn ja, was."
„Träumen."
„Was meinst Du mit 'träumen'?"
„Das am Tag träumen – das in der Nacht träumen folgt dann."
„Warum soll ich tagträumen … und worüber?"
„Über das, was Du eigentlich bist, über das, was Du ausdrücken willst, und über das, was Du erleben willst."
„Hm, daß das sinnvoll ist, kann ich schon sehen, aber was hat das mit Dir zu tun?"
„Ich bin das, was Du Dir nicht wünschst."
„Hm … ja … darüber haben wir ja schon gesprochen … Wenn ich mich für nichts entscheide, passiert gar nichts – zumindest komme ich nicht zu Dingen, die ich mir gewünscht habe …"
„Durch das Träumen kommst Du zu einer Vision von dem, was Du ausstrahlen, sein und erleben willst."
„Meine Identität liegt in meinem Herzchakra … und das Tagträumen von dem, was

ich sein, ausstrahlen und erleben will, liegt in meinem Sonnengeflecht und in meinem Halschakra ... Empfiehlst Du mir das Tagträumen, das Fühlen, weil mein Halschakra blockiert gewesen ist?"

„Ja – aber nicht nur Dein Halschakra, sondern auch Dein Herzchakra und Dein Wunschbaum sind blockiert gewesen."

„Ja, das waren die Hauptthemen bei meinen Kundalini-Meditationen. ... Ist das Wunschträumen das, was jetzt als nächstes ansteht? Zu erkennen, was ich am liebsten in meinem Leben haben will?"

„Ja – warum heilst Du Dich und warum befreist Du Deine Chakren, wenn Du anschließend nicht zu strahlen beginnst?"

„Das Träumen ist also der nächste Schritt nach der Heilung, nach der Integration von Christus und Teufel ... und danach kommt die Konkretisierung der Wünsche im Wachbewußtsein im Hara und im Dritten Auge ... und dann das Erleben in Ekstase, also in Einsgerichtetheit im Wurzelchakra und im Scheitelchakra ... und der Ausgangspunkt für das alles ist meine Identität, meine Seele in meinem Herzchakra – das ist der Tiefschlaf ...

Ja, das leuchtet mir ein, daß nach der Auflösung der Blockaden das Träumen das Wichtigste ist ... Darauf wäre ich alleine nicht so schnell gekommen ...

Mir mein ideales Leben aus meinem Herzchakra heraus in meinem Sonnengeflecht und in meinem Halschakra erträumen ... ja, das leuchtet mir ein ...

Wobei die Kenntnisse, in welchem Chakra was geschieht, nicht der zentrale Punkt ist – auch wenn mir das persönlich weiterhilft und Orientierung gibt ...

Vielen Dank!"

„Bitte."

„Gibt es noch etwas zu sagen?"

„Nein – jetzt nicht. Aber ich melde mich, wenn mal was anstehen sollte ... oder komm mich einfach mal besuchen ..."

„Ja, gut ... Vielen Dank!"

„Bitte."

„Ho!"

English Books by Harry Eilenstein

- Living Magic (261 p.)	- Shamanism for Beginners (52 p.)
- The Synthesis of Physics and Magic (192 p.)	- Self Knowledge for Beginners (60 p.)
- Telepathy for Beginners (60 p.)	- Astrology for Beginners (112 p.)
- Telepathy for Advanced Learners (52 p.)	- Number Symbolism for Beginners (64 p.)
- Telekinesis for Beginners (56 p.)	- Mandalas for Beginners (76 p.)
- Life Force for Beginners (76 p.)	- Crop Circles for Beginners (344 p.)
- Astral Projection for Beginners (60 p.)	- Feng Shui for Beginners (96 p.)
- Meditation for Beginners (60 p.)	

- Prophecy for Beginners (60 p.)
- Ritual Magic for Beginners (64 p.)
- Magic Chant for Beginners (108 p.)
- Invocations for Beginners (52 p.)
- Evocations for Beginners (62 p.)
- Auto-Movement for Beginners (60 p.)
- Elves for Beginners (56 p.)
- Hypnosis for Beginners (56 p.)
- Love Magic for Beginners (52 p.)
- Money Magic for Beginners (60 p.)
- Magic Objects for Beginners (64 p.)

These books will be puplished soon:

- Kundalini for Beginners
- Chakra-Magic for Beginners
- Magic Research for Beginners
- Symbolism of Numbers for Beginners
- Language of the Moon – for Beginners
- Da'ath-Magic for Beginners
- Magic for Beginners – Anthology I
- Magic for Beginners – Anthology II
- Magic for Beginners – Anthology III
- Magic for Beginners – Anthology IV

Bücher von Harry Eilenstein

Religion allgemein
- Die sieben Schritte des Lebens (428 S.)
- Muttergöttin und Schamanen (168 S.)
- Göbekli Tepe (472 S.)
- Die Göttin von Göbekli Tepe (144 S.)
- Die Biographie des Teufels (144 S.)
- Totempfähle (440 S.)
- Christus (60 S.)
- Dakini (80 S.)
- Vajra (76 S.)

Ägypten
- Hathor und Re 1: Götter und Mythen im Alten Ägypten (432 S.)
- Hathor und Re 2: Die altägyptische Religion – Ursprünge, Kult und Magie (396 S.)
- Isis (508 S.)

Indogermanen
- Die Entwicklung der indogermanischen Religionen (700 S.)
- Wurzeln und Zweige der indogermanischen Religion (224 S.)

Germanen
- Die Götter der Germanen (87 Bände – siehe nächste Seite)
- Odin (300 S.)

Kelten
- Cernunnos (690 S.)
- Taliesin (228 S.)
- Der Kessel von Gundestrup (220 S.)
- Der Chiemsee-Kessel (76)

Psychologie
- Über die Freude (100 S.)
- Das Geheimnis des inneren Friedens (252 S.)
- Das Beziehungsmandala (52 S.)
- Gefühle und ihre Verwandlungen (404 S.)
- einsgerichtet (140 S.)
- Liebe und Eigenständigkeit (216 S.)
- Von innerer Fülle zu äußerem Gedeihen (52 S.)

Heilung
- Die Symbolik der Krankheiten (76 S.)

Kunst
- Herz des Tanzes – Tanz des Herzens (160 S.)

Drama
- König Athelstan (104 S.)

Bücher von Harry Eilenstein

„Magie für Anfänger"

- Telepathie für Anfänger (60 S.)
- Telepathie für Fortgeschrittene (52 S.)
- Telekinese für Anfänger (52 S.)
- Lebenskraft für Anfänger (60 S.)
- Meditation für Anfänger (56 S.)
- Kundalini für Anfänger (100 S.)
- Hypnose für Anfänger (56 S.)
- Auto-Movement für Anfänger (56 S.)
- Chakra-Magie für Anfänger (148 S.)
- Astralreisen für Anfänger (56 S.)
- Astrologie für Anfänger (120 S.)
- Ritual-Magie für Anfänger (56 S.)
- Mandalas für Anfänger (68 S.)
- Geldzauber für Anfänger (56 S.)
- Liebeszauber für Anfänger (52 S.)
- Invokationen für Anfänger (52 S.)
- Evokationen für Anfänger (60 S.)
- Elfen für Anfänger (56 S.)
- Magie-Forschung für Anfänger (140 S.)
- Selbsterkenntnis für Anfänger (52 S.)
- Zahlensymbolik für Anfänger (60 S.)
- Die Sprache des Mondes – für Anfänger (116 S.)
- Zaubergesänge für Anfänger (100 S.)
- Zukunftschau für Anfänger (60 S.)
- Schamanismus für Anfänger (52 S.)
- Magische Gegenstände für Anfänger (68 S.)
- Da'ath-Magie für Anfänger (64 S.)
- Kornkreise für Anfänger (348 S.)
- Feng Shui für Anfänger (96 S.)
- Magie für Anfänger – Sammelband I (696 S.)
- Magie für Anfänger – Sammelband II (664 S.)
- Magie für Anfänger – Sammelband III (580 S.)

„Traumreisen"

- Traumreisen zu Heilpflanzen (700 S.)

Magie

- Handbuch für Zauberlehrlinge (408 S.)
- Tarot (104 S.)
- Physik und Magie (184 S.)
- Die Synthese von Physik und Magie (200S.)
- Die Magie-Formel (156 S.)
- Krafttiere – Tiergöttinnen – Tiertänze (112 S.)
- Schwitzhütten (524 S.)
- Mythen und Magie der Harfe (116 S.)
- Magie heute – Berichte aus der Praxis (288 S.)

Meditation

- Der Lebenskraftkörper (230 S.)
- Die Chakren (100 S.)
- Das Chakren-System mit den Nebenchakren (296 S.)
- Organe und Chakren (64 S.)
- Die platonischen Körper in den Chakren (156 S.)
- Meditation (140 S.)
- Drachenfeuer (124 S.)
- Kundalini I (676 S.)
- Reinkarnation (156 S.)
- einsgerichtet (140 S.)

Astrologie

- Astrologie (496 S.)
- Photo-Astrologie (428 S.)
- Die astrologischen Aspekte (88 S.)
- Horoskop und Seele (120 S.)

Kabbala

- Kursus der praktischen Kabbala (150 S.)
- Eltern der Erde (450 S.)
- Blüten des Lebensbaumes:
    - Die Struktur des kabbalistischen Lebensbaumes (370 S.)
    - Der kabbalistische Lebensbaum als Forschungshilfsmittel (580 S.)
    - Der kabbalistische Lebensbaum als spirituelle Landkarte (520 S.)

Die Themen der 87 Bände der Reihe „Die Götter der Germanen"

1. Die Entwicklung der germanischen Religion
2. Lexikon der germanischen Religion
3. Der ursprüngliche Göttervater Tyr
4. Tyr in der Unterwelt: der Schmied Wieland
5. Tyr in der Unterwelt: der Riesenkönig Teil 1
6. Tyr in der Unterwelt: der Riesenkönig Teil 2
7. Tyr in der Unterwelt: der Zwergenkönig
8. Der Himmelswächter Heimdall
9. Der Sommergott Baldur
10. Der Meeresgott: Ägir, Hler und Njörd
11. Der Eibengott Ullr
12. Die Zwillingsgötter Alcis
13. Der neue Göttervater Odin Teil 1
14. Der neue Göttervater Odin Teil 2
15. Der Fruchtbarkeitsgott Freyr
16. Der Chaos-Gott Loki
17. Der Donnergott Thor
18. Der Priestergott Hönir
19. Die Göttersöhne
20. Die unbekannteren Götter
21. Die Göttermutter Frigg
22. Die Liebesgöttin: Freya und Menglöd
23. Die Erdgöttinnen
24. Die Korngöttin Sif
25. Die Apfel-Göttin Idun
26. Die Hügelgrab-Jenseitsgöttin Hel
27. Die Meeres-Jenseitsgöttin Ran
28. Die unbekannteren Jenseitsgöttinnen
29. Die unbekannteren Göttinnen
30. Die Nornen
31. Die Walküren
32. Die Zwerge
33. Der Urriese Ymir
34. Die Riesen
35. Die Riesinnen
36. Mythologische Wesen
37. Mythologische Priester und Priesterinnen
38. Sigurd/Siegfried
39. Helden und Göttersöhne
40. Die Symbolik der Vögel und Insekten
41. Die Symbolik der Schlangen, Drachen und Ungeheuer
42.a Die Symbolik der Herdentiere I
42.b Die Symbolik der Herdentiere II
43. Die Symbolik der Raubtiere
44. Die Symbolik der Wassertiere und sonstigen Tiere
45. Die Symbolik der Pflanzen
46. Die Symbolik der Farben
47. Die Symbolik der Zahlen
48. Die Symbolik von Sonne, Mond und Sternen
49.a Das Jenseits I – Das Hügelgrab
49.b Das Jenseits II – Der Jenseitsweg
50. Seelenvogel, Utiseta und Einweihung
51. Wiederzeugung und Wiedergeburt
52. Elemente der Kosmologie
53. Der Weltenbaum
54. Die Symbolik der Himmelsrichtungen und der Jahreszeiten
55.a Mythologische Motive I
55.b Mythologische Motive II
56. Der Tempel
57. Die Einrichtung des Tempels
58. Priesterin – Seherin – Zauberin – Hexe
59. Priester – Seher – Zauberer
60. Rituelle Kleidung und Schmuck
61. Skalden und Skaldinnen
62. Kriegerinnen und Ekstase-Krieger
63. Die Symbolik der Körperteile
64.a Magie und Ritual I
64.b Magie und Ritual II
64.c Magie und Ritual III
65. Gestaltwandlungen
66.a Magische Angriffs-Waffen
66.b Magische Verteidigungs-Waffen
67. Magische Werkzeuge und Gegenstände
68. Zaubersprüche
69. Göttermet
70. Zaubertränke
71. Träume, Omen und Orakel
72. Runen
73. Sozial-religiöse Rituale
74. Weisheiten und Sprichworte
75. Kenningar
76. Rätsel
77. Die vollständige Edda des Snorri Sturluson
78. Frühe Skaldenlieder
79.a Mythologische Sagas I
79.b Mythologische Sagas II
80. Hymnen an die germanischen Götter